Internet: Gestión digital de las nuevas tecnologías informáticas.

Crear Software sin programación

Jacinto Fung León

Gracias a Dios y a mi familia...

Prefacio

El libro está dirigido a todas las personas que desean conocer la tecnología informática. El texto proporciona la gestión y el desarrollo de software sin utilizar lenguaje de programación, no es técnico, pero su contenido por la investigación, el contexto y el manejo de las nuevas tecnologías se utilizarán términos asociados a los modelos de desarrollos de software.

Las tecnologías se presentan en una diversidad de enfoques para sus usos y aplicación, un grupo de ellas son utilizadas por personas que no necesitan tener conocimientos técnicos y están enfocadas para que todas las personas las utilicen.

Las personas de las últimas generaciones crearon nuevos modelos de negocios, nuevos modelos de trabajos, diferentes modelos económicos que se apoyan en las tecnologías actuales.

La maduración de la idea de crear este libro, proviene de la limitación del uso de los dispositivos y software dentro de los institutos y los colegios, como el uso y el acceso limitado a los menores de edad de las nuevas tecnologías; por el otro lado, para continuar las actividades escolares con el uso de la tecnología dentro de los hogares fue una solución durante la pandemia del 2020.

No es la intención del libro de discutir dichas normas o aprobación de estas actividades. Lo que se extrae es el uso de las tecnologías por personas que no tienen la madurez o razonamientos suficientes en el área de ingeniería de la informática; y a donde se quiere enfocar en este libro, personas sin conocimientos técnicos que pueden utilizar lo que tienen disponibles; una tecnología donde los niños enseñan a los adultos cómo manejarla.

Si la tecnología es fácil de usar ¿por qué no canalizarla en nuestro trabajo diario?; trabajar de forma eficiente con menos esfuerzos y produciendo más. El estudio de la nueva tecnología se observa que no solo los jóvenes y los niños las usan, también lo utilizan las grandes empresas. Los niños y los jóvenes se divierten, las empresas se apoyan en la nueva tecnología, ¿por qué no se puede trabajar y divertirse al mismo tiempo?

La visión del libro presenta los diferentes modelos de usos actuales de la tecnología, con las perspectivas de modelos de gestión y producción de software clásico. Los modelos que se basan en actividades y tareas extraídas de los estándares de la Ingeniería del Software, el CMMI (Capability Maturity Model Integration) y los estándares ISO (expresión inglesa *International Organization for Standardization*, "Organización Internacional de Estandarización") pero enfocado en el uso de las nuevas tecnologías.

El libro presenta un resumen de acciones mínimas que se aplican en los proyectos cuando se usa la nueva tecnología. Comienza el proyecto con la evaluación de la tecnología definiendo en sus detalles, sus funcionamientos y sus características fundamentales.

Este conocimiento permite elegir cuáles de ellas cubren los requisitos de los usuarios y lo más importante en todo proyecto con éxito, es la facilidad de creación del software.

Bajo estos dos conceptos se describen las diferentes condiciones que se pueden presentar los proyectos: la construcción completa del software o en el mantenimiento de esta. Se definen las tareas y actividades en cada caso, sustentado por las tecnologías con características de la facilidad de construcción y una arquitectura que sustente los requerimientos el proyecto.

Los capítulos siguientes a las definiciones y características de las tecnologías informáticas, se detallan las tareas y las actividades a considerar en su uso; luego, se clasifican según el enfoque de entrega y su utilización por los constructores de software. En ellas seleccionan para construir la solución, la selección depende de la capacidad y conocimiento del grupo de trabajo.

Luego de la selección de la nueva tecnología, se aplica los modelos de gestión y de producción del proyecto, donde se detallan en cada caso. Finalmente, se mencionan en el último capítulo los casos de éxitos en el uso de las nuevas tecnologías.

PREFACIO...5

SECCIÓN I...11

NUEVAS TECNOLOGÍAS...11

   1. INTRODUCCIÓN...13
      1.1. Tecnología Informática y las nuevas tecnologías...........18
      1.2. Competitividad en Internet.....................................22
      1.3. Gerente inteligente, gerente sabio............................27
      1.4. Tecnología al alcance de todos en tiempo de aislamiento34
      1.5. La tecnología después de la pandemia..........................38
      1.6. Antes de comenzar...41
   2. APLICABILIDAD DE LAS NUEVAS TECNOLOGÍAS....................43
      2.1. Diversidad de tecnología informática.........................46
      2.2. Influencia de las nuevas tecnologías..........................50

SECCIÓN II..55

LOS PROCESOS..55

   3. PROCESOS DE GESTIÓN..57
      3.1. Ciclo de los procesos...60
      3.2. Proceso Gestión Organizacional...............................62
      3.3. Gestión de Proceso del Software..............................69
   4. PROCESOS DE PRODUCCIÓN..77
      4.1. Modularidad de las nuevas tecnologías.......................80
      4.2. Arquitectura de las nuevas tecnologías......................83
      4.3. Reusabilidad de las nuevas tecnologías......................89
      4.4. Comunicación de la nueva tecnología..........................92
      4.5. Entornos de desarrollo en la nueva tecnología..............98
      4.6. Mantenimiento del Software utilizando la nueva
      tecnología...99
      4.7. Desarrollo del nuevo Software utilizando la nueva
      tecnología...104
      4.8. Prototipos..108
   5. MODELO PRINCIPAL DE LOS PROCESOS.................................113

SECCIÓN III...119

LAS CAPAS DE LAS TECNOLOGÍAS..119

   6. LAS CAPAS DE LAS TECNOLOGÍAS.....................................121
   7. TECNOLOGÍA BASE...125
      7.1. La innovación...129
      7.2. Gestión del conocimiento.......................................130
      7.3. Gestión de distribución de la nueva tecnología............131

7.4. Diversidad de tecnologías bases..................................*134*

7.5. Perfil técnico..*137*

8. TECNOLOGÍA DEPENDIENTE..*139*

8.5. Clasificación de tecnología dependiente.....................*144*

8.6. Perfil técnico...*147*

9. TECNOLOGÍA INDEPENDIENTE.. *149*

9.1. Clasificación de tecnología independiente...................*155*

9.2. Conociendo un poco a Google................................. *156*

10. TECNOLOGÍA INTERDEPENDIENTE.................................... *159*

10.1. Describiendo un poco a Amazon.............................*162*

SECCIÓN IV.. **165**

USOS PRÁCTICOS DE LAS NUEVAS TECNOLOGÍAS....................**165**

11. QUIEN QUIERE, PUEDE... *167*

11.1. Lo primero es saber lo que se quiere....................... *170*

11.2. Investigar y conocer las nuevas tecnologías..............*172*

11.3. Evaluar la capacidad y el conocimiento....................*178*

11.4. La planificación.. *181*

12. CON EL ORDEN SE TRABAJA MEJOR..................................*185*

12.1. Gestión del proyecto.......................................*187*

12.2. Las reuniones.. *190*

12.3. Evaluación y control del proyecto..........................*193*

12.4. Cierre del proyecto...*195*

*12.5. Herramientas de las nuevas tecnologías para la gestión*197

13. CREAR APLICACIONES CON LA NUEVA TECNOLOGÍA.....................*199*

*13.1. Repetir las actividades con diferentes funcionalidades*201

13.2. Pedir ayuda e innovamos...................................*202*

13.3. Crear componentes, no programar.......................... *207*

13.4. Crear componente en la nueva tecnología.................. *209*

13.5. Crear subsistemas en la nueva tecnología.................*211*

13.6. Creación de aplicación o software......................... *214*

13.7. Creación en múltiples tecnologías......................... *216*

14. CASOS DE ÉXITOS DE LA NUEVA TECNOLOGÍA.........................*219*

14.1. "Streaming" y vídeos.......................................*220*

14.2. Aplicaciones para reuniones............................... *224*

*14.3. Aplicaciones web de ventas y compras de productos.*226

14.4. De lo real a lo virtual..................................... *227*

14.5. La realidad es la juez......................................*228*

REFERENCIAS BIBLIOGRÁFICAS..*231*

Sección I
Nuevas Tecnologías

1. Introducción

La aplicabilidad de las nuevas tecnologías en las empresas es una obligación para mantenerse actualizadas, con el fin de competir en el mercado.

Las personas en el área de la tecnología tienen que esforzarse en estudiar y trabajar sobre el conocimiento y la tendencia de lo último en la informática. Las empresas y su personal reflejan el enorme esfuerzo que están realizando en estos proyectos.

Por su parte, los estudiantes en el área de informática tienen dificultades pero a menor escala, la dificultad se centra en el esfuerzo de adaptarse o conocer la nueva tecnología, también incluye la creatividad de la aplicabilidad y el uso del conocimiento que se adquiere.

Este enfoque de gestión busca minimizar este esfuerzo y disminuir el nivel de incertidumbre en los proyectos. Como lo describe Luis Fernández Sanz (Fernández S., L. 2000) *"¿Renovarse o morir? o ¿renovarse para morir? Una de las sensaciones más habituales de los profesionales de la informática en general, y del desarrollo de software en particular, consisten la impresión de desbordamiento ante la avalancha constante de nuevas tecnologías, entornos, siglas, etc. Parece como si lo seres humanos fueran incapaces de gestionar con sentido el mundo tecnológico que han generado. La renovación tecnológica parece dejar exhaustos a muchos profesionales independientemente de las ventajas y oportunidades que supone o de la aceptación de su inevitabilidad."*.

No existe una gestión genérica o un modelo conceptual para todos los proyectos con uso de las nuevas tecnologías, solo resolvemos los problemas con la utilización de métodos en los diferentes casos que se presentan. En nuestro caso, la única herramienta de apoyo es el conocimiento de la gestión de la tecnología.

En todos los niveles ya sea en el campo laboral o en el universitario, la nueva tecnología se observa como una variable independiente que genera un nivel de incertidumbre alta y este nivel es transmitido cuando es aplicado a un proyecto.

En gran medida, el nivel de incertidumbre y los posibles puntos débiles que se presentan en un proyecto se ven disminuidos por la tendencia de aplicar una metodología de desarrollo adecuada. Se han creado nuevas metodologías de desarrollo a medida que transcurre el tiempo, se mantienen y llegan a ser luego métodos clásicos, lo que varía en el tiempo es la tecnología de la época. Un ejemplo es el modelo cascada o lineal secuencial; en los años 60-70 la tendencia de la tecnología aplicada en el software era muy limitada y centrada en ciertas personas, de las cuales desarrollaron este modelo.

Se sabe que el software era un complemento del hardware (Pressman 1998, pág. 4-5), el trabajo se centra en la fabricación de computadoras de uso particular, el área del conocimiento en el software era de flexibilizar los cambios propios para las necesidades de esos momentos y de esos equipos.

El nivel de incertidumbre de los proyectos eran bajos y se aplicaba este modelo en su desarrollo. Los requerimientos de software eran bien descrito por los fabricantes de las computadoras, cuyo desarrollo era para la misma empresa. En los actuales momentos, este modelo se aplica en algunos proyectos donde en el proceso de desarrollo del software presentan ciertas condiciones particulares, en su análisis, con el nivel de incertidumbre baja obteniendo resultados exitosos. La aplicación de este modelo, aun sabiendo que el hardware no es fabricado por los mismos desarrolladores del software, donde las condiciones de la tecnología actual permiten el uso de capas de software y de aplicaciones que minimizan la diversidad de hardware.

Los nuevos proyectos que aplican la nueva tecnología, impactan de gran modo la parte económica y técnica de la empresa. Las compañías de éxito se mantienen por el esfuerzo de su personal, la labor es grande, dependiendo de la capacidad del personal por su conocimiento, no tanto en la tecnología, sino en la metodología que utiliza en el manejo del proyecto con las nuevas tecnologías, como los mencionan en su trabajo Karen Lepe, Paula Mora y Carolina Rojas (Lepe, K., Mora, P. y Rojas, C. 2001):

"Manejo de la tecnología. En la primera etapa, una nueva tecnología es difícil de emplear, sus beneficios no son todavía obvios y su atracción es mayormente para aquellas personas que se han fascinado con ella por su propia causa. Podemos encontrar entusiastas personas que aman compartir historias sobre cómo ellos lucharon contra las dificultades y pudieron superarlas. El público en general se ve como que no tiene suficiente comprensión o mérito para realmente usar las nuevas invenciones. La radio de onda corta es un buen ejemplo de una tecnología que fue adoptada por un pequeño pero dedicado grupo en la etapa de manejo de tecnología. En la misma línea, las leyendas del Silicon Valley incluyen muchas historias de los primeros días de los computadores y los valientes pioneros que levantaron el Altair o el Osborne."

Como también menciona Robert Hojman y Benardita Muñoz (Hojman, R. y Muñoz, B. 2001) en su informe:

*"Toda **nueva tecnología** no tiende a reemplazar a la anterior, sino que llena un espacio dejado por sus antecesoras, mejorando la tecnología preexistente o respondiendo a necesidades generadas por otras tecnologías. Por ejemplo, la radio no reemplazó al diario, ni la televisión a la radio, ni el vídeo a la televisión ni el computador a los dos anteriores."*

Este trabajo no involucra el efecto de las nuevas tecnologías a la sociedad, como el estudio realizado por Julio Cabero

Almenara (Cabero A., J. 2002). Por lo tanto, no evaluaremos el impacto social, debido a que se tendrá que desarrollar en cada área de la sociedad y no es el dominio del conocimiento de este texto.

La gestión busca disminuir el impacto en el desarrollo de software; tomando en consideración que existen diversidades de procesos para desarrollar software; solo estudiaremos dos grandes procesos, los desarrollos con el propósito de mantenimiento de software y el desarrollo completo de una aplicación; los cuales, se extraerán información del entorno que rodea a ambos procesos, con el propósito de adaptarla al uso de las nuevas tecnologías, tomando en cuenta que se crean nuevos modelos de desarrollo con el mismo proceso.

Existe otro proceso que es la selección de una nueva tecnología en las empresas, esto permite renovarse tecnológicamente o mantenerse en la que posee.

Aparece una diversidad de nuevas tecnologías en el mercado, donde la toma de decisión de los altos gerentes permiten la continuidad de su empresa en el sector económico, pero saben que se establecen con alto nivel de competitividad, las otras acciones serían cambiar de sector o simplemente cerrar sus puertas, con la observación de que en toda la economía también existen competencias.

El estudio de la selección de una nueva tecnología se descarta, debido a que entra en el área de desarrollo completo de una solución tecnológica. La selección de una tecnología se debe reflejar al final en un producto que contenga dicha tecnología adquirida. La selección de una nueva tecnología debe generar en el futuro, productos y soluciones que permitan proveer el retorno de inversión que realiza la empresa.

Las empresas de tecnologías como los institutos universitarios son los incipientes para los nacimientos de las nuevas tecnologías. En los laboratorios de las empresas como en las universidades nacen nuevas ideas y necesidades donde se plasman al final en una tecnología que traspasa las paredes de sus recintos, con una sociedad que acepte y consuma sus productos derivados de sus estudios.

Hay que diferenciar entre nuevas tecnologías y los nuevos productos o soluciones que estos últimos permiten satisfacer necesidades o generar nuevas necesidades a los usuarios. La nueva tecnología es el concepto del todo que permite desarrollar los nuevos productos o soluciones. Un ejemplo claro es el concepto de escuchar las canciones preferidas en cualquier lugar y con movilidad, se crean nuevos equipos como reproductores con formatos MP3 (MPEG – 1 o 2 Audio Layer III), anteriormente se utilizaban otros formatos con dispositivos que no permitían gran cantidad de almacenamiento de música en un espacio limitado; con el MP3 permite reducir el almacenamiento pero también disminuyendo la calidad del sonido; no solo reduce el espacio de almacenamiento, sino también permite transmitir menos información por las redes en la Internet, con el uso del MP3 con lleva la utilización de algoritmo y una tecnología de compresión de sonido, su inicio y su creación original era de transmitir sonidos por las líneas telefónicas de su época. Las empresas en el sector de la música, o referente del uso de sonido en su proceso de negocio o de desarrollo, se ven obligado a adaptar esta tecnología o tendrá que cerrar sus negocios, como la fábrica de los discos en vinilo que entra en la obsolescencia con el uso de la Internet, al menos, si su negocio es para los coleccionistas con dicha tecnología.

Existen muchos ejemplos de empresas en el ambiente tecnológico que toman la decisión en escoger o ir por una vía de una nueva tecnología y luego son desplazados en su sector por la competencia, esto es una apuesta que en el futuro que nadie sabe con certeza que tecnología ganará o cuál no tendrá mucha aceptación.

1.1. Tecnología Informática y las nuevas tecnologías

Publicada: 4 Enero 2018

https://tecnologiapordentro.blogspot.com/2018/01/tecnologia-informatica-y-las-nuevas.html

La diversidad de tecnología en el mundo permite a los creadores de software, la libertad de selección. Desde el punto de vista de las últimas tendencias tecnológica o lo que está de moda, en usar los últimos inventos tecnológicos, permite ayudar en entender varios enfoques en el uso de la tecnología en nuestra vida. La visión innovadora de crearlas y usarlas permite un mejoramiento sustancial en los quehaceres diarios.

Los ingenieros del área informática presentan una reducción sustancial en el tiempo de entrega de los proyectos informáticos, un trabajo menos estresante en el ambiente y hasta facilitan las labores de desarrollo. Años atrás el desarrollo de software se midió sus avances por la cantidad de líneas de códigos incluidas y realizadas en el proyecto. Ahora podemos medirlos por características y requerimientos culminados. Existen otras formas de medición actualizada por la misma tendencia de las nuevas tecnologías que obligan a tomar otros tipos de mediciones.

Estos avances permiten generar en los nuevos ingenieros del área una visión sesgada e inclusive emotiva de la selección de las tecnologías y sus herramientas. El hecho de las nuevas tecnologías permite una visión diferente de ver las cosas, deriva en generar nuevos tipos de negocios, desarrollo, adaptación o producción en el mercado actual en los bienes y servicios.

Se realizan innovaciones a los procesos de producción como la mentalidad de hacer las cosas diferentes dentro de una empresa, con la adquisición de las nuevas tecnologías

18

permiten incrementar la producción o los ingresos, o existe un mejoramiento en el estado de las organizaciones. El ejemplo del uso de la Internet en el mundo, que originalmente era militar, ha incrementado la forma de negociar y de comercializar a nivel mundial.

El peligro viene en la selección incondicional de las nuevas tecnologías en todos los nuevos proyectos, sin mirar estos nuevos enfoques y el estudio de impacto que puede afectar tanto positivo o negativamente al proyecto.

Como se comentan en otros artículos y trabajo publicado en la Internet, las nuevas tecnologías no sustituyen a las tecnologías pasadas y presentes, el ejemplo de esta es la radio que no sustituye al periódico, o la televisión a la radio, cada uno abarca tecnológicamente algo que el otro no cubre en su momento, pero no lo sustituye, los tres medios de comunicación existen actualmente en la sociedad. Sucede lo mismo con la tecnología de desarrollo del software, el hecho de aparecer una nueva tecnología no es motivo de ser seleccionado para los proyectos informáticos. Debe haber otras razones para que sean escogidos.

Un número inmenso de proyectos de desarrollo para Internet, la creación de las páginas web han crecido de forma exponencial. Pero el simple hecho que la mayoría de los proyectos web se utiliza una tecnología específica, no es razón para aplicarlo a todos los proyectos de desarrollo de software, por ejemplo en desarrollo de aplicaciones con base fuerte en uso de la comunicación eficiente entre aplicaciones de una empresa.

En el caso de desarrollo de aplicaciones web tenemos diversos lenguajes de programación como java script, java, J#, etc., pero en los restos de las aplicaciones no web, en proyectos de comunicación, los lenguajes de programación más recomendables son lenguaje C o lenguaje ensamblador. Por estas razones, las diferentes herramientas de desarrollos contienen una diversidad de lenguajes de programación para ser escogido por el programador de aplicaciones. Las herramientas de desarrollos combinan estos diversos lenguajes de programación, por ejemplo: java con lenguaje C; o J# con lenguaje C y C++.

Hay que recordar que las tecnologías fueron creadas para cubrir un espacio que otras tecnologías no lo cubren. Cada tecnología tiene la razón de ser o de existir, por esto todavía en la actualidad se realizan programas hechos en COBOL o FORTRAN, u otro lenguaje de la tercera generación, inclusive estos lenguajes tienen versiones actualizadas hoy en día. Se puede y puedo pecar en decir que cualquier nuevo lenguaje de programación puede hasta cierto punto reemplazar a los lenguajes de programación anteriores, pero hay casos que es imposible por la misma naturaleza del lenguaje que no puede ser sustituido por otro, ya que su núcleo fue creado para ciertas funciones que otros lenguajes no permiten reemplazarlo.

Otra razón de cuidarse de las nuevas tecnologías en los proyectos de desarrollos del software, es el alto porcentaje de fracaso de los proyectos que son debidos al mal manejo o la selección de la tecnología en general. En el caso de las nuevas tecnologías deben madurarse, en los casos de fracasos son las tecnologías que no terminan de madurar según una de las razones de fracasos de IEEE (en inglés "*Institute of Electrical and Electronics Engineers*").

Para tener éxito en los proyectos informáticos, la buena selección de la tecnología no solo es vital, existen grandes pasos que deben tomarse en cuenta como la gestión y el estudio propio de la tecnología a usar.

La recomendación en la utilización de las nuevas tecnologías es realizar un proyecto independiente para su evaluación con otras tecnologías antes de ser aplicada a los nuevos proyectos informáticos. Una razón es para conocer la nueva tecnología, para comprender sus ventajas como desventajas, y estudiar la existencia misma de esta; la otra razón de conocerla, es si cubre las necesidades del proyecto de desarrollo que se desea emprender. Las necesidades tecnológicas provienen de los pasos refinados de los requerimientos del software, y este último proviene de las necesidades del usuario o del cliente. En este caso, no se puede imponer la tecnología a las necesidades del usuario o del cliente.

1.2. Competitividad en Internet
Publicada: 13 Noviembre 2018

https://tecnologiapordentro.blogspot.com/2018/11/competitividad-en-internet.html

Existen muchos mitos y creencias en el uso de la Internet; si observamos a las personas que trabajan por cuenta propia, a las empresas y a las instituciones que se apalancan de la Internet para ampliar su campo de acción, nos damos cuenta que ésta le permite darse a conocer y tener otro tipo de contacto con el mundo, además de multiplicar las opciones y las posibilidades de contactos.

La Internet está en un mundo diferente a tu localidad, al conocido, al vecino, al mismo pensamiento y a las costumbres locales, al del contacto físico, a lo tangible y visible. El tener algo que esté en contacto con el mundo entero implica que sea leído en múltiples lenguajes, interpretado por personas con diferentes pensamientos, costumbres y culturas. Se puede ser famoso con solo estar en las nubes o ser un empresario que ha construido fortunas con una idea apoyada en la Internet donde cuentan que se hicieron ricos y famosos de la noche a la mañana, otros tardaron en encontrar el éxito, otros tuvieron varios fracasos antes del éxito, otros tuvieron éxito en el primer intento, otros no han conocido el éxito, hay muchas historias y resultados en el uso de la Internet.

1.2.1. La información se desvanece

El uso de la Internet como mecanismo de ampliar el mercado, tener mayor publicidad, alcanzar un buen mercadeo de productos o servicios de las empresas o tener un mayor contacto con los clientes, **no va a garantizar** el éxito de los planes o proyectos. Al igual que en el universo no se está solo, existen muchas más cosas que rodean el mundo del ciberespacio, por lo cual existe la competitividad y ésta se genera entre varios cuando se producen mensajes, anuncios, vídeos o una campaña de publicidad, todo para cautivar más usuarios y obtener el primer lugar de búsqueda en la Internet. Se tiene la creencia de que al colocar un artículo escrito en la Internet para publicar una información, idea, producto o servicio será visto por el mundo entero pero, no es así, esto tiene el problema de que al momento de tu publicación ya existe una gran cantidad de artículos que compiten para ser visto junto a los tuyos, por esta razón tu publicación "desaparece" y para que esa publicación sea visible, debes buscar ese algo que te lleve a ocupar el primer lugar de interés entre los cibernautas; entonces, para ello se busca la utilización de otros formatos e inclusive usar el mismo artículo pero con imágenes llamativas; aún en este tipo de publicación en la red informática conlleva a competir con diversas imágenes ya instaladas previamente, el cambiar imágenes llamativas por vídeos y publicarlos, te llevará a encontrar muchos de ellos e inclusive puede ser mayor la cantidad que las anteriores formas de publicar el artículo. En Internet al subir algún tipo de información esta "no se ve" por la cantidad de información que existe y entra en competencia con el resto.

Pero, ¿por qué existen todavía empresas, organizaciones y personas que utilizan la Internet?, no es sencillo de responder, el uso de la Internet se fundamenta como una herramienta de comunicación y de ampliación de la información.

La existencia de la competencia la hay en todos lados y hace que disminuya el efecto o resultado deseado, pero, la Internet se conoce como una herramienta de comunicación y contacto con el mundo, tiene característica técnica y de consecuencia social en su uso, para mencionar la dimensión de esta herramienta. Internet si se enfoca como una herramienta tecnológica, la visión que se presenta es otra, se debe aclarar que es una herramienta, y como tal, se debe conocer la funcionalidad, cuando se debe aplicar y el resultado que se produce. Su uso no es por capricho o para estar a la moda de la tecnología, debe haber un motivo claro para usarlo, así como lo han tenido muchas grandes empresas y organizaciones que lo han utilizado de tal manera que lograron sus éxitos que todos conocemos; otras empresas (aunque cada día son menos) van por otras vías tradicionales como el uso de periódico, radio o la televisión, y descartan el uso de Internet porque el efecto no es lo esperado. Todas las herramientas de comunicación que se pueden mencionar tienen competencias e incluso Internet no escapa de esto, como se mencionó anteriormente, pero dan increíbles resultados cuando se sabe utilizar.

Internet como herramienta tecnológica que sirve para conectarse con el mundo, tiene característica para ser usada en pro del objetivo que se desea aplicar, para esto se debe estudiar la competencia en que se sumerge a la tecnología seleccionada. Por ejemplo, existe una gran diferencia entre una empresa, institución o persona conocida en su área y que utiliza Internet para tener un contacto más directo y bidireccional con sus usuarios y no una comunicación de una sola dirección como la posee la radio, la televisión o el periódico; y una empresa desconocida que desea ser conocida y captar nuevos clientes o usuarios, utilizaría todos los medios de comunicación donde el plan de Internet se diferenciará de la empresa conocida.

1.2.2. Todo contra todo

El mundo de la Internet es una comunidad global donde se mezcla la competencia de las páginas web, los blogs, las redes sociales de las empresas, las instituciones y las personas independientes con trabajos propios, desde los más famosos hasta los desconocidos, las empresas grandes y pequeñas; encontrándose todos al mismo nivel de competencia y luchando por un "pedazo" de liderazgo de la información.

Compiten unos con otros en igualdad de condición a nivel tecnológico, como toda competencia surge siempre un ganador o un grupo selecto, la pregunta ahora es ¿cuál es el trofeo?, lo impactante de la respuesta es que existen diferentes tipos de trofeos donde varias áreas compiten para obtenerlo de acuerdo a su categoría, por ejemplo, el uso de Internet permite mejorar su servicio de atención a los usuarios de la empresa o la institución; la página web más vistas de Internet en farándula, científica o deporte que luchan por tener muchos seguidores; y los artículos escritos o vídeos más vistos para empresarios y emprendedores con el objetivo netamente de mercadeo.

Unos tienen como objetivo solo la publicidad, otros lo usan para expresión artística o de ideas para mejorar el mundo, otros para ayudar en la educación o ayudar al prójimo; algunos tienen objetivos sociales, otros económicos, otros morales, otros espirituales, etc. Como se puede ver existe un sin fin de trofeos (objetivos) en cada sector, en cada área, en cada división, en cada categoría y hasta donde la imaginación pueda llegar en Internet pero están divididas por las ofertas y las demandas de la información, y en cada zona la competencia existe pero a menor escala

1.2.3. Éxito en el camino

¿Cómo se logra el éxito?, la respuesta se tiene para cada proyecto que se inicia en el mundo de la Internet, no hay una respuesta general, no hay un plan general pero existe un solo camino, un solo plan y una sola respuesta para cada caso, la labor es encontrarlo.

El uso de Internet se debe tomar (como ya se dijo) como una herramienta tecnológica, el solo uso de ésta no garantiza el éxito; el saber usarla para llegar a sus metas y objetivos dará una mayor probabilidad de éxito, es una herramienta poderosa que se debe aprovechar como otras herramientas existentes, el buen uso hace la diferencia entre el éxito y el fracaso. El uso correcto permite el crecimiento natural (**búsquedas y resultados orgánicos**) de sus artículos y publicaciones que con el tiempo tienden a crecer en la red. Previamente debe estar bien definido el objetivo, los planes de acción y las acciones en sí, en donde los planes y las acciones se contemplen en el uso de la Internet y bienvenido sea¡¡.

1.3. Gerente inteligente, gerente sabio
Publicada: 28 Marzo 2019

https://tecnologiapordentro.blogspot.com/2019/03/gerente-inteligente-gerente-sabio.html

1.3.1. Gerencia de proyecto de desarrollo de software

En la gestión de desarrollo de software existe diversidad de formas de administrar los recursos técnicos, siendo estos recursos técnicos la tecnología informática que las empresas o las instituciones han adquirido o van a adquirir; y el factor humano que no es más que la forma como se estructura y organiza un grupo de persona según sus funciones, cargos y habilidades. Dentro de la gerencia de proyecto existen otros puntos importantes que deben ser considerados como, por ejemplo: la parte económica, las políticas de las empresas o instituciones, las leyes nacionales e internacionales por las que se deben regir, el nivel de motivación y compromiso de los empleados, etc., que son igualmente importante pero no serán tratados por los momentos y quizás son considerados en los próximos trabajos.

Este artículo solo se centrará en los dos tipos de gestión: la primera es la gestión de la tecnología informática y la segunda es la organización del factor humano. Solamente enfocándonos en estos dos puntos encontraremos una gran diversidad de modelos para administrar y gestionar los proyectos informáticos.

Solo tocar estos dos puntos nos puede llevar a combinaciones de estilo de gestión que si se combinan con los otros puntos (económico, político, etc.) que se complica mucho más el proyecto a desarrollar. Hay suficientes complicaciones con estos dos temas, en donde no existe acuerdo general en la escogencia del estilo de gestión entre ellos.

1.3.2. De la trilogía a la sinergia o al caos

En el primer artículo de este blog se recomienda no imponer la tecnología sobre los requerimientos del cliente (https://tecnologiapordentro.blogspot.com/2018/01/tecn ologia-informatica-y-las-nuevas.html). El manejo de proyecto se basa principalmente en los requerimientos del usuario, los cuales se satisfacen a través de la tecnología desarrollada por un equipo de trabajo altamente preparado para tal fin; estos requerimientos, esta tecnología y este equipo de trabajo forman la trilogía que, con su correcto o incorrecto enlace entre cada uno de sus componentes, alcanzará la sinergia o un terrible caos que traiga como consecuencia la suspensión del proyecto.

1.3.3. Factor humano, del grupo al equipo

Para desarrollar un software dentro de un proyecto se debe en principio formar un grupo de personas capacitadas para tal propósito, donde debe estar presente el cargo de gerente de proyecto quien tendrá, entre otras tantas, la responsabilidad de transformar un grupo en un equipo para así engranar la trilogía: equipo de trabajo, tecnología y requerimientos del cliente.

El perfil del gerente será sin duda el de un ingeniero de software por cuanto es imprescindible tener el conocimiento de los diversos procesos que se incluyen en un proyecto de desarrollo de software.

La otra opción es que el equipo debe contar con un ingeniero de software que se encargue de engranar todas las partes de desarrollo de software y el gerente de proyecto se encargue de la parte administrativa o liderazgo del proyecto. El objetivo para lograr el éxito es trabajar como equipo y no como grupo.

1.3.4. La relación de los empleados y la empresa

Hay diferentes estilos de gestión de proyectos dentro de los diferentes sectores económicos que provienen de una larga lista de teorías que se desarrollan desde el siglo pasado hasta la actualidad, como por ejemplo, las teorías X, Y, y Z en la gerencia, propuesto por Douglas McGregor las teoría X y la teoría Y, teoría Z por William Ouchi y Richard Pascale, donde se presentan ciertas características del trabajador dentro de la organización o se tiene una visión de la relación del individuo y la organización. En cada teoría existe un nivel de madurez organizacional de los empleados, desde aquellos trabajadores que son escépticos y evitan el trabajo hasta aquellos trabajadores que participan en las tomas de decisiones del proyecto que son definidos de forma colectiva y se sienten comprometidos. Generalmente, estas teorías se manifiestan con perfiles estándares del trabajador dentro de los diferentes sectores de la economía, por ejemplo, hay que diferenciar los proyectos de construcción de obras civiles de los proyectos de desarrollo de software, o de un proyecto de servicio sanitario.

1.3.5. Mejorar el ambiente de trabajo

La flexibilidad y las diferentes formas de gestionar que emplean algunas empresas actualmente van en pro de mejorar la calidad de vida del trabajador y encontrar la conciliación trabajo-vida familiar, sin duda aún falta mucho por conseguir pero algunas empresas hoy en día permiten a los empleados trabajar desde sus propias casas brindándoles así algo de confort, otras ofrecen flexibilidad en el horario laboral dando importancia a los objetivos planteados y alcanzados; esta modalidad también ofrece beneficios a las empresas, como disminuir espacio en las oficinas que traen consecuencias económicas positivas y también reduce el tiempo en el tráfico que ayuda a la comunidad en general. Mejorar el ambiente de trabajo en las empresas no ha sido tarea fácil para ningún sector pero si existe la lucha para lograr muchos más beneficios para ambas partes, se sigue buscando, entre muchas otras cosas, sustituir las instalaciones de las oficinas en áreas menos formales y con un estilo que permita la creatividad de los individuos, disminuir las horas laborables por ley (es la lucha de países altamente industrializados). Existen muchas más gestiones que alcanzarán su objetivo a medida que se alcance el nivel de madurez organizacional indispensable para poner en práctica todos estos cambios que se requieren y también dependerá el nivel de cultura empresarial del país.

1.3.6. La cultura social si afecta

En muchos casos los aspectos cultural y social traspasan las paredes de las organizaciones, afectando directamente la gestión de las empresas; también existen otras empresas donde no se permite la inherencia local, generalmente son empresas extranjeras que llevan su cultura empresarial y su gestión al país donde abren sus operaciones. La cultura de la que hablamos influye en las empresas al momento de gestionar, con mayor o menor acción, el comportamiento organizacional para lograr sus objetivos, en el sentido que se tenga un mínimo de acción para equilibrar la misma gestión en otros países. Por ejemplo, en el caso de una cultura social donde la puntualidad es fundamental, se ofrece un comportamiento respetuoso al prójimo.

Las sociedades que tienen como cultura la puntualidad (algo natural e implícito), se extrañan cuando en otros países no se cumple con este detalle y se hace difícil que las acciones y la toma de decisiones de los gerentes de esta sociedad rompa esta costumbre. Mientras que en otra cultura social la conducta predominante es de llegar tarde para las citas o reuniones y las empresas se ven obligadas a gestionar cursos para el cumplimiento de objetivo y entrega a tiempo de lo acordado; se tiene un costo en el entrenamiento de los empleados para realizar la cuota diaria, semanal o anual de sus objetivos; se debe planificar de forma explícita los compromisos de entregas; se tiende a la supervisión continua y constante para cumplir con las fechas de entrega. La gestión de proyecto entre ambas cultura se debe manejar de forma diferente.

1.3.7. Diferentes modelos de desarrollo de Software

La gestión de desarrollo de software es muy particular con respecto al resto de los demás sectores económicos, por un lado la creatividad gobierna en este sector para producir y ser competitivo. La calidad de sus productos intangibles es ley para tener aceptación por sus clientes. Para producir software se tienen diferentes modelos de desarrollos que van de forma paralela con las tecnologías que nacen o se actualizan a los nuevos tiempos. Los modelos de desarrollo son tan variados que van desde los pesos pesados (cascada, prototipo, desarrollo rápido de aplicaciones, etc.) hasta los pesos ligeros o ágiles (XP, SCRUM, etc.), todo está disponible para su utilización por el gerente. La selección del modelo se realiza por diferentes razones como: el modismo de las empresas, política de las empresas, tener buena experiencia en su escogencia personal, por ser un aproximado de la realidad del proyecto, etc.

1.3.8. El carácter personal del gerente

La personalidad y el carácter de cada gerente influyen en la diferencia de los resultados y los proyectos, por supuesto, también los resultados dependerán de cada empresa en su sector económico. El manejar una empresa de tecnología, por ejemplo, un gerente puede llevar a su empresa al número uno del sector, Steve Jobs al ingresar en las dos últimas empresas donde trabajó, las llevó al éxito. La personalidad, el conocimiento y la experiencia permiten diferenciar a un gerente de otro, la diferencia entre los gerentes netamente de aulas de cursos y estudios (gerente teórico), o gerentes que se forman con la experiencia en los diferentes trabajos realizados (gerente de campo), y otros que combinan ambos, mientras cursan o tiene un título de la especialización y tiene la suerte de trabajar todos los días en el área.

1.3.9. Gerente inteligente, gerente sabio

El ser gerente implica tener como cualidad manejar la inteligencia organizacional, cargo que por mérito de trabajo y estrategia se logra con el uso de esta cualidad humana; cargo que llena el nivel de estima y reconocimiento de la organización según en la pirámide de Maslow; los gerentes son considerados personas exitosas, pero son sencillamente personas que obtienen logros que se han trazado ellos mismos para poner a prueba sus capacidades. El gerente que llega al nivel de autorrealización (en la pirámide de Maslow) considera a las demás personas; ve la realidad de forma diferente, la ve genuina y no falsa; ofrece soluciones que poseen virtud para los problemas a los que se enfrentan;

se acepta a sí mismo de manera genuina y también es aceptado por lo demás de la misma forma.

El tamaño de la felicidad que se logre en la gestión, dependerá de la forma como se enfoquen los diferentes temas descritos anteriormente; se pudiera empezar con la empatía del gerente con los empleados como usuario del software a desarrollar y él como empleado de la empresa, también la afectación al mundo con sus productos y acciones; no solo buscar un equilibrio de la trilogía (usuario, tecnología y desarrollador de software); el factor humano y la relación con la empresa; mejorar su ambiente de trabajo y el de su equipo; encontrar la realidad de su cultura social y los integrantes de la empresa, buscar la calidad y la productividad; seleccionar correctamente el modelo de desarrollo de software. Todo esto sin contar los puntos que no se ha comentado (la política de la empresa, la del proyecto, etc.). En todo este equilibrio de las diferentes áreas de la gerencia, se encuentra el equilibrio del carácter personal que dependerá de las acciones futuras con virtudes en generar la máxima felicidad para sí mismo y para los demás.

1.4. Tecnología al alcance de todos en tiempo de aislamiento

Publicada: 27 Marzo 2020

https://tecnologiapordentro.blogspot.com/2020/03/tecnologia-al-alcance-de-todos-en.html

El aislamiento mundial hace recordar la frase "la necesidad es la madre de la invención"; esta situación crea nuevos canales de comunicación para sustituir a los que se utilizaban antes de la encerrona temporal, canales tradicionales usados en el día a día como: hacer comentarios con otras personas en el colegio cuando llevabas a los niños, reunión con los amigos, hacer charlas y conferencias, dictar presencialmente cursos o clases en las universidades y colegios, etc.

El aislamiento rompe con la rutina diaria de las personas, y se busca nuevas formas de comunicarse, de trabajar, de mantenerse, de ayudar... Refleja con más intensidad la naturaleza humana del ser social. En este artículo se permite evaluar dos grandes temas: la tecnología y la creatividad humana.

1.4.1. Las nuevas tecnologías

Las nuevas tecnología siempre están presente en la vida de las personas, el usarlas depende de la necesidad del momento, en la mayoría de los casos no se cree necesario usarlas y pasan desapercibidas e incluso se usan sin saberlo. Pero en el momento que se necesite se optará por lo último en avance tecnológico.

En este momento de aislamiento se evalúa la tecnología por la necesidad de: reemplazar un canal de comunicación, mantener activos los procesos de las empresas e instituciones, trabajar de forma remota desde nuestros hogares (teletrabajo), etc.

En esta coyuntura la tecnología se evalúa con el aporte adicional en nuestras labores diarias, permite validar qué tanto sustenta la economía de una empresa o un trabajo en particular, o de mantener operativa de forma remota una fábrica... La otra evaluación, es el tiempo y costo al utilizar la tecnología para reemplazar el efecto del aislamiento de las personas. Sin duda, la evaluación definitiva al final del aislamiento es la permanencia de la tecnología o no en nuestros trabajos.

Una de las evaluaciones realizadas por los profesionales del área es el avance de la tecnología. Hace algunos años el trabajo y el tiempo para construir una solución era en algunos casos largos y tediosos, en la actualidad colocar una solución para una necesidad se construye en días, con pocos conocimientos y pocos recursos apoyándose en la tecnología. Los proyectos actuales se producen como actos reactivos a la situación que se presenta y debe cubrir una necesidad.

El fácil uso de la tecnología permite a muchas personas, incluyendo a los no profesionales del área de la informática, construir en días y desplegar su trabajo en la red global de Internet. En estos momentos el crecimiento del consumo de ancho de banda a nivel mundial es un indicativo, no solo del crecimiento del consumo de la red social sino que también se suma el consumo por la creación y uso de nuevos canales en Internet a nivel mundial, la creación de nuevos blogs, las conexiones seguras de red a sus puestos de trabajos desde las casas y el uso intenso de los correos electrónicos.

El consumo de la red informática a aumentado más del 60% en diversos lugares del mundo, es una prueba de las instalaciones físicas y los servidores disponibles a nivel mundial. Permite a grande rasgos evaluar la parte superficial del consumo y el incremento de uso de la tecnología, capa superficial que está al alcance de todos, basándose en la ingeniería pensada en el consumo masivo de la información, con fácil acceso y uso.

Un ejemplo del uso de la tecnología, es transmitir vídeos y sonidos en directo o en vivo sin consumir el almacenamiento de los equipos receptores (streaming), en años anteriores el desarrollo de aplicaciones y la infraestructura física tenían un alto costo, por ejemplo, las empresas de los canales de televisión. En la actualidad es posible realizar estas transmisiones con la tecnología disponible en las redes sociales e Internet, y con dispositivos de uso cotidiano como los teléfonos y computadores móviles.

El mayor consumo de ancho de banda en la red informática es la transmisión simultánea de imagen y voz (vídeo), el almacenaje y gestión de los vídeos consume gran cantidad de bytes en cualquier lado, tanto en la emisión como en la recepción. Existen tecnologías que cubren estas debilidades para las personas que no tienen conocimientos, como el manejo de "streaming" para emitir un vídeo por la red, siendo este el resultado de un gran trabajo realizado por profesionales de la tecnología.

1.4.2. Creatividad humana

En diferentes situaciones, el ser humano se adapta a las nuevas realidades, adquirir nuevos conocimientos que siempre han estado en sus manos. Situaciones como las que atraviesan hoy en día algunos colegios y universidades que son obligados a dar clases en línea, enviar actividades para realizar desde casas. Anteriormente escoger la educación a distancia era una opción, ahora es una necesidad hasta que termine el aislamiento.

En estos momentos donde no podemos mantener ningún tipo de contacto físico en las iglesias, las instituciones, las organizaciones y las personas sin fines de lucro, ofrecen su buena voluntad y tiempo en ayudar al prójimo a través de la tecnología. El simple hecho de distraer a los pequeños y grandes para olvidar la situación por medio de Internet es una labor social y la tecnología permite que se continué haciendo para ser más llevadera la cuarentena. El uso de la red social e Internet como un canal de transmisión entre un emisor conectado a varios receptores, es un medio de comunicación social personalizado.

Solo falta la necesidad para crear el canal de comunicación, con el objetivo de servir a otros, las personas creativas combinan sus buenas intenciones, sus mejores capacidades y reinventan el uso de la tecnología, lo que antes usaban para la distracción y recreación ahora se presta para canalizar el conocimiento y las necesidades en proyectos informáticos puntuales.

La tecnología se ve de diversos ángulos y con diversas capas, está al alcance del hombre como usuario y como creador de la tecnología y entre ellas existen diversas visiones.

Este artículo es un homenaje a las personas de buena voluntad y con gran creatividad en el uso de la tecnología informática, donde su esfuerzo intenta unir y ayudar al prójimo, también un homenaje a los profesores, los sacerdotes, los artistas, los comerciantes, los emprendedores, los empresarios, los sanitarios y a todas las personas de buen corazón que tienden sus manos para ayudar a otros.

1.5. La tecnología después de la pandemia
Publicada: 02 Julio 2020

https://tecnologiapordentro.blogspot.com/2020/07/la-tecnologia-despues-de-la-pandemia.html

La pandemia ha pasado como una "GRAN OLA", llevándose todo con ella, pero todavía está latente en todas partes esperando crecer nuevamente, el que crezca o no dependerá de cada uno de nosotros.

Una de las reflexiones que nos deja a nivel de tecnología y de las redes sociales, es el impacto del uso masivo que se hizo de estos medios para lograr mantenernos comunicados. Sin embargo la "GRAN OLA" se lleva aquellas tecnologías que no lograron soportar tal golpe, pero otras se quedan bien posicionadas.

Varias empresas que cerraron o disminuyeron sus operaciones en varias regiones y países del mundo, cerraron al inicio de todo este revuelo, hasta tanto pasara la pandemia, pero no han podido abrir sus puertas nuevamente. Otras empresas abren pero con mayor contundencia y presencia a nivel mundial, con más fuerza y enfoque, empresas que se reinventaron en estos tiempos.

Las empresas sobrevivientes lo lograron por su creatividad, porque realizaron cambios internos a puertas cerradas, nadie notó sus cambios pero se mantuvieron activos, se reinventaron en sus procesos y en sus planificaciones a la nueva realidad, cambiaron el modo de trabajar, todo lo que significa cerrar las puertas de una empresa y mantener la producción y los servicios.

1.5.1. Las nuevas tecnologías en contacto con la sociedad

Las nuevas tecnologías presentes en la sociedad fueron los canales que abrieron las puertas de las empresas, su uso

38

logró la reinvención para mantenerse aislados físicamente pero en contacto con sus clientes. Se cerraron las puertas físicas pero se abrió las puertas virtuales de las empresas.

Los empleados de las empresas operaban por teletrabajo, todavía se mantiene esta modalidad. Las ventas y pedidos no se podían realizar de forma física, pero sí de manera virtual. Antes los clientes tenían que ir a la compra, desde entonces e incluso hasta ahora los supermercados van a los hogares para que realicen sus compras y entregarlas; es decir, el cliente no va a la empresa, ahora la empresa va al cliente.

1.5.2. Después de todo lo vivido, nos formulamos la siguiente pregunta: ¿y ahora qué?

Lamentablemente, algunas empresas por su estructura, modelo o proceso de negocio no se adaptaron a esta realidad, y las consecuencias es que mantendrán sus puertas cerradas. Aquellas empresas que se adaptaron y sobrevivieron a la "GRAN OLA" continuarán sus operaciones y esto gracias a que se apoyaron en las nuevas tecnologías.

La nueva tecnología emerge de diferentes formas: tecnología de adaptación rápida, media y largo plazo. Esta clasificación se basa en el tiempo de aprendizaje y de ejecución de los componentes que posee cada tecnología.

Las nuevas tecnologías de corto plazo de ejecución y aprendizaje ayudaron en gran medida a las empresas que sobrevivieron, pero este punto es de gran discusión. Esta tecnología posee una característica y estructura que funciona como fue creado. Generalmente, tienen funcionalidades muy específicas que no se pueden modificar.

En el caso de las demás tecnologías, generalmente tienen niveles de flexibilidad que pueden ser usadas con cambios acordes a cada necesidad. Por supuesto el tiempo de adaptación y aprendizaje a estas tecnologías son más extensas y largas, como consecuencia, los cambios en ellas con las empresas, son de tiempo largo de espera para que comience a funcionar.

La supervivencia en la pandemia fue de un aprendizaje y adaptación a la tecnología existente en los diferentes procesos, modelos o actividades, es decir, "una rápida automatización obligada en las empresas". Por suerte, estas tecnologías son tan variadas que se aplican de forma inmediata, las empresas seleccionan y adaptan a sus procesos la funcionalidad de dicha tecnología.

Las empresas al aplicar esta tecnología se obligan a trabajar de la manera como funciona, no tienen otro camino que lanzarse sin medir el riesgo, debido a que si no hacen nada, el cierre de la empresa es inminente.

Ahora que se vuelve a la "normalidad" es el momento de reflexionar y decidir si se mantiene la tecnología adquirida, si se vuelve a trabajar como antes o ir más allá. Pensar en ir un paso adelante en el futuro, tomar la decisión de mantener los dos caminos o en unificarla con la mezcla de ambas experiencias. **Este es el momento de prepararse para el futuro.**

1.6. Antes de comenzar

El libro es el resultado de un trabajo constante y de años de elaboración, en los últimos sucesos como se indican en los diferentes artículos del blog, obliga a entregar un tratado del tema de las nuevas tecnologías, el trabajo no se remonta en la creación del blog. Gestionar y desarrollar en las nuevas tecnologías se presenta en toda la vida y se hizo consciente al estudiar la carrera de ingeniería de la computación, la experiencia de años de trabajo en diferentes empresas en puesto clave en la evaluación, la selección y el manejo de las nuevas tecnologías, permiten resumir en pasos y actividades fundamentales en un proyecto de informática basado en la nueva tecnología.

El libro está enfocado para personas que no están en el área de la informática, y presentan recomendaciones a los profesionales del área para los diferentes modelos de gestión y desarrollo de software. Los pasos, tareas y actividades son los mínimos que se aplican en todo proyecto de desarrollo de software.

Los primeros capítulos se refieren a la extracción y resumen de las tareas y actividades en las diferentes áreas de los modelos de procesos de gestión y producción del software, se referencia en los modelos de mantenimientos y desarrollo de nuevas aplicaciones del software, sustentado en los conceptos de la Ingeniería del Software, el modelo CMMI (Capability Maturity Model Integration) y los estándares ISO (expresión inglesa *International Organization for Standardization*, "Organización Internacional de Estandarización"), por lo tanto, el lector sin conocimiento de la informática entra en el formalismo y se familiarice al léxico de los proyectos de desarrollo de software. Se organiza el proyecto en áreas comunes de tareas y actividades bajo el concepto de los cargos funcionales. Seguidamente se describe la tecnología con su característica y las capas que se presentan al mundo, resumiendo la base fundamental para su estudio y sus consideraciones.

Finalmente, el uso de las nuevas tecnologías en los modelos de gestión y producción del software enfocado para ser aplicado para todas las personas que desean entrar en este mundo.

2. Aplicabilidad de las nuevas tecnologías

El concepto de "Tecnologías" deriva del momento histórico en que se ha sido utilizado. Desarrollaremos este concepto hasta llegar al de "Nuevas Tecnologías" (UCM 2000). Existen diferentes definiciones de tecnologías, de las cuales se pueden nombrar los siguientes:

- La palabra tecnología viene de los artesanos en el término griego *teknites*; con el tiempo *tékne*, se agrega al término del artesanado y la habilidad de hacerla con facilidad. Más adelante esta habilidad pasa a un nivel superior *tékne* donde se transforma en "*arte*", perfeccionar con la repetición y mejoras continuas.

- En la revolución industrial en el siglo XVIII con el uso de artefacto y la maquinaria, el conjunto de los conocimientos propios de los oficios mecánicos y de las artes, o el tratado de términos técnicos, todo se convierte en su conjunto en el concepto de las tecnologías.

- El concepto de la tecnología se relaciona posteriormente con la ciencia, por medios de los trabajos repetitivos simples e institucionalizado que produce un éxito considerable. La relación con ciencia genera el ingenio, la diligencia, la disciplina y la inteligencia del artesano, dando como consecuencia en lo pragmático con ganancia y reconocimiento.

- La tecnología por el mismo hecho de la relación con la ciencia, permite luego seguir agregando actividades artesanales que cambia de forma cualitativa.

- Varios autores señalan la tecnología como una estrategia metodológica mediante la cual se aplica el conocimiento organizado a la solución de problemas. Este conocimiento se desarrolla mediante la ejecución de reglas, modos y procedimientos de la disciplina o actividad, reflejando la pericia o habilidad del individuo, que es en sí la técnica.

En el concepto completo de la tecnología comprende todas las características que las definiciones anteriores se describen de forma cronológica. La ciencia debe estar presente en el plano transversal de las actividades, conocimientos organizados, que se reflejan en la pericia, la habilidad del individuo y en el uso de las herramientas que provee la tecnología, por esta razón la disciplina, reglas, normas y procedimientos debe ser derivado en cumplimiento implícito de la ciencia.

Las definiciones de las Nuevas Tecnologías que se ofrecen son muy diversas. Algunos autores prefieren definir desde el punto de vista empresarial dueña de la tecnología que provee como productos y servicios, lo definen como un conjunto de herramientas, el soporte de uso y mantenimiento de estas herramientas, canales de contactos y acceso a su información. En el caso de autores que se inclinan por el concepto de la innovación, definen las nuevas tecnologías como los últimos desarrollos en tecnología o descubrimiento científico que impactan en la capacidad de tratamiento de la información.

Las nuevas tecnologías están sustentadas en la concepción que son los resultados del conocimiento científico, en la transformación de objetos y en la utilidad, en donde uno de sus principios es la adecuación de medios afines.

Se considera nueva tecnología, cuando la modificación introducida rebasa ciertos límites, la estructura del sistema se resiente y tiene que modificarse dando lugar a la aparición de un nuevo sistema. En esto incluye en uno de los conceptos de la innovación en donde el sistema aplicado en otro sector del conocimiento, ciencia o sector económico tiene éxito.

Las herramientas pueden llegar a confundir con el mismo término de tecnología si no existe un procedimiento para su uso o aplicabilidad. Hay tecnologías que no tienen herramientas, es el puro conocimiento y técnicas que es donde proviene el origen de esta palabra en épocas remotas. Los artefactos y los equipos provienen de la época de la revolución industrial junto a este conocimiento definen y complementa después este concepto, finalmente cualquier de los casos se debe llevar a un uso práctico que sea tangible en servicios y productos, basado en el conocimiento científico (IS 2019).

La tecnología informática posee característica estructural que se define a nivel de su arquitectura. La estructura define las normas, los estándares y las formas de uso de sus herramientas que proveen, y gira todo en el conocimiento especializado que proviene en su origen de alguna ciencia en particular. El conocimiento básico de la ciencia de la computación es vital para poder lidiar la variedad de tecnología en el mercado, con las nuevas tecnologías y las tendencias que aparecen, donde algunos casos desaparecen de la misma velocidad que surgieron, genera en el ambiente que los profesionales del área deben navegar y mantenerse a flote con olas que vienen. Adicionalmente, el conocer la base fundamental de las diferentes tecnologías permite de alguna forma poder mantenerse a los diferentes cambios actuales a nivel tecnológico.

2.1. Diversidad de tecnología informática

Existe una diversidad de tecnología que depende de sus componentes internos. Existen dos grandes tecnologías que están en los extremos de una variedad intermedia de tecnología que se ubican entre ellas y son:

- Tecnología abierta, y

- Tecnología cerrada.

Las combinaciones intermedias entre estas dos tecnologías permiten tener un abanico de opciones. Pero esta clasificación de tecnología proviene de las necesidades diversas y propias del mercado, como la preparación y la "cultural" técnica que posee el factor humano que rodea a esta tecnología, tienden a formar generaciones de escuelas y pensamientos en el desarrollo de aplicaciones y software. La concepción de una nueva tecnología permite visionar en el futuro el tipo de mercado a donde se aplica (en algunos casos nacen tecnologías que no le encuentra aplicabilidad en ningún sector), el modelo de soporte, la adquisición de conocimiento, el mantenimiento, el entrenamiento y el modelo de desarrollo. Ambas tecnologías permiten por sus propios caminos de solventar el desarrollo de aplicaciones y software de forma rápida, segura, flexible y con un nivel alto de calidad, con el objetivo final de poder cubrir todas las necesidades del mercado y convivir con diferente tecnología existente en las plataformas instaladas a nivel mundial.

2.1.1. Tecnología abierta

La tecnología abierta tiene varias connotaciones dependiendo de diferentes vistas. Un punto de vista del usuario es que la tecnología abierta permite conectarse con otras tecnologías e inclusive con sus rivales. La vista de los desarrolladores de aplicaciones o los programadores son los componentes de esta tecnología que disponen de los códigos fuentes de los programas, esto permite reusar el trabajo original y adaptarla a las necesidades actuales. En la visión de la arquitectura de software que permite hasta cierto límite de cambiar su estructura original y adaptarse a las necesidades de las empresas, este caso es de mayor riesgo a nivel funcional y de desarrollo, se recomienda cambiarse a otra tecnología abierta que se adapte más a la necesidad que se desea cubrir. El usar esta tecnología posee ventajas como desventajas que se describen a continuación.

Ventajas:

- Permite adaptar de forma rápida a las necesidades que desea cubrir.

- Permite generar diferentes versiones de los mismos componentes, como mejorar las versiones originales. Diversidad.

- El nivel de control es total en el desarrollo del producto o solución.

- En caso de uso de diversidad de lenguaje de programación.

- Amplían los componentes en otros componentes extensibles.

- Mejora la calidad de sus productos generados.

- Se integra a otras tecnologías por medio de la diversidad de herramienta que provee.

- Uso de componentes genéricos en diversos productos.

- Estandarización definida por la comunidad.

Desventajas:

- Mayor complicación a nivel de soporte y resolución de problemas técnicos.

- La alta calidad, reusabilidad y extensibilidad dependerá del factor humano que es difícil de alcanzar.

- Alto esfuerzo y tiempo de aprendizaje.

- Menor control de las diferentes versiones con las mejoras a nivel general.

- Mayor esfuerzo en realizar cambios a nivel global de los componentes genéricos.

- La estandarización depende del factor humano que la trabaje.

- El compromiso depende de sus miembros.

- El mayor costo de la tecnología es el servicio.

2.1.2. Tecnología cerrada

Generalmente una tecnología cerrada depende de una empresa o institución que provee los componentes, las herramientas, la información, los estándares, las normas, etc. Existe una directriz centralizada que gerencia todo referente a la tecnología. El control es direccionado por la empresa o la institución, los cambios, los mantenimientos y el futuro dependen de la gestión particular de pocas personas.

Ventajas:

- Gestión central de los servicios, los mantenimientos y las soluciones de los problemas técnicos. Un punto de contacto.

- Los avances de la tecnología son esfuerzos centralizados.

- Estandarización de uso de la tecnología.

- Usos de los componentes básicos por los clientes sin permitir cambios internos. Usar los componentes sin importar su construcción interna.

- La calidad, la reusabilidad y la extensibilidad dependerá de pocas personas y no por lo que utilizan la tecnología.

- Curva de aprendizaje es corta, poco esfuerzo de entrenamiento y conocimiento. Depende de la gestión de la tecnología.

- Selección particular de otras tecnologías que desean convivir.

- Globalizar los cambios son más efectivo.

- Compromiso de los dueños de la tecnología a sus seguidores.

Desventajas:

- El tiempo, los cambios y las políticas dependen de la empresa o institución dueña de la tecnología. Las empresas receptoras de la tecnología dependen de otras empresas centrales.

- No permite diversidad de uso de la tecnología.

- Selección particular de otras tecnologías que desean convivir.

- Difícil adaptación a nuevos cambios. Reglas y normas centralizadas del uso de la tecnología.

- No tiene acceso algunos códigos fuentes de programas.

- Por lo general tiene un costo por el uso. El costo por la adquisición, el mantenimiento, el servicio, etc.

2.2. Influencia de las nuevas tecnologías

La aplicabilidad de la nueva tecnología se estudia en dos contextos, en los procesos de gestión y de producción. La influencia en el proceso de gestión puede impactar en dos sectores, en el mantenimiento del software o el desarrollo de un nuevo aplicativo. En el mantenimiento lo determina en la incorporación de la nueva tecnología en una parte de su estructura, mientras que un aplicativo nuevo se reflejará en todo sus componentes.

Los procesos de gestión y de producción están construidos con las actividades de diferentes perfiles y grupos de personas, dando importancia al rol humano. La labor de integrar los dos procesos que trabajen de forma coordinada se centra en apoyar la gestión de los impactos generados por los cambios. Las nuevas tecnologías provienen del entorno exterior, la gestión es de administrar y suministrar información y acciones hacia los procesos de gestión y de producción, canalizando los cambios externos.

En los procesos de producción se mantienen con fuertes cambios, el desarrollo de nuevas aplicaciones informáticas se realizan dependiendo del área de la tecnología, los proyectos con un corto tiempo de desarrollo, implementación y pruebas, que años anteriores se tardaban mucho tiempo. Caso particular, como la duración de las pandemias a nivel mundial que generan el cierre de las empresas, los comercios y las instituciones por no adaptarse a la nueva tecnología en corto tiempo. Los procesos de producción de software se han acortado su tiempo de desarrollo con ciertas tecnologías; introducir estas en los modelos de producción y negocios de las empresas, en algunos casos eran obligatorios para la supervivencia de las empresas.

El otro aspecto es la visión detallada de actividades empresariales e industriales que permitieron seleccionar la tecnología adecuada en la supervivencia de los procesos y actividades internas y externas de la economía. En el caso de la Internet donde las empresas y los negocios fueron obligados en apalancarse de esta plataforma tecnológica.

La parte social también se apoyó de las nuevas tecnologías en la pandemia, gran parte de la población fue obligado a utilizar las tecnologías existentes, no solo la parte económica que se apoyó en ellas, en todos los contextos, el uso de la tecnología se deriva con la existencia y la disponibilidad para todo el mundo, la rapidez de aprendizaje y la aplicabilidad en las labores diarias.

En el proceso de producción de software aparece un nuevo modelo de usar la tecnología informática: conceptualizar las tecnologías, las aplicaciones, y los software en patrones de usos y funcionalidades, donde cada habitante de la sociedad por necesidad se reinventa su uso en las labores cotidianas. El aplicar su funcionalidad, se conceptualiza en la selección y el uso de dicha tecnología. Se generan procesos de gestión alrededor de las aplicaciones y de las actividades diarias. Se crean nuevas normas y reglas de trabajo para mantenerse activo en la economía o en la sociedad.

Las tecnologías informáticas tradicionales también fueron muy demandadas para el cambio a las nuevas realidades y a las nuevas tecnologías. Los cambios de esquemas de trabajo en las empresas han y seguirán cambiando. El trabajo remoto (teletrabajo) planteado por varias empresas tecnológicas en el siglo pasado y el trabajo presencial es replanteado con la pandemia, con la diversidad de tecnología actual obligada a usarlas con los conceptos del siglo pasado, permiten ver las diferencias y las coincidencias en el modo de trabajar y gestionar en dos situaciones y dos siglos diferentes.

En la nueva realidad después de la pandemia, se plantea el mantenimiento, la eliminación o la integración de la gestión y producción de los proyectos con las tecnologías obligadas a usarlas por la pandemia. Cada empresa y ciudadano decidirá en el presente y en el futuro el uso de la tecnología adquirida en la coyuntura, modificando o no los procesos normales antes de la pandemia.

El estudio abarcará en los procesos de producción, los procesos de gestión y la tecnología de producción en el uso de la nueva tecnología. En cada área se plantean actividades y acciones que se deben considerar en las tomas de decisiones en los diferentes planes de proyectos informáticos. Muchas de las acciones y actividades están influenciadas por la Ingeniería del Software. La estructura de estudio proviene de los diferentes conceptos de esta ingeniería.

Parte de este trabajo es el estudio de las nuevas tecnologías, su impacto en los dos contextos (proceso de Gestión y de producción), y lo que debe realizar en cada uno de los contextos. Gran parte del trabajo en la gestión y los conceptos en la Ingeniería del Software y su influencia están descritas en el libro "Ingeniería del software: gestión personal para el éxito" [IS 2019] donde se centra la gestión en el proceso de mantenimiento de un Software y el uso de modelos de gestión organizacional, modelo de gestión, y desarrollo de un nuevo software que involucra la Ingeniería de Software; describe claramente en cada uno de su contenido la separación de los procesos del ciclo de vida del software (análisis, diseño, implementación y mantenimiento).

El concepto de gestión de procesos y proyectos, ¿si existe un cambio a una nueva tecnología a qué afectaría a estos dos sistemas? Otro punto de estudio es el cambio de la nueva tecnología en la producción de software. Más adelante se desarrollará con más detalles estas ideas.

En ambos procesos al ingresar una nueva tecnología, el nivel de incertidumbre llega a ser alto, donde impacta el desarrollo y el mantenimiento de cualquier software y finalmente puede impactar al usuario final, por esto, se debe gestionar la incertidumbre, es decir, existe un riesgo latente en el proceso de incluir nuevas tecnologías en los proyectos y por ello conlleva a realizar actividades humanas que no impacten, los procesos de gestión son lo que se deben centrar para manejar el nivel de incertidumbre.

Cuando se desarrolla un nuevo proyecto y/o se mantiene un proyecto, y simultáneamente agrega una nueva tecnología el impacto es menor en el mantenimiento, debido al tamaño del cambio que afecta la nueva tecnología y la magnitud de su uso.

Sección II

Los procesos

3. Procesos de Gestión

Las fallas encontrada en los años 60 y principios de los 70 en la gestión o la administración de los proyectos no eran por los administradores o los desarrolladores incompetentes, las fallas eran por el enfoque de la gestión utilizada (Sommerville I. 2002, pág. 72), una buena gestión no garantiza el éxito del proyecto. La gestión del software abarca no solo el ser administrador, adicionalmente debe plantearse diferencias sustanciales como:

a) El producto intangible. No se puede ver el progreso en forma tangible.

b) No existen procesos del software estándares. Se aplicaba administración de otras áreas de la ingeniería pero no son efectivas para el desarrollo del software.

c) A menudo los proyectos grandes de software son únicos. La nueva tecnología hace obsoleta la experiencia, que no es transferibles a los nuevos proyectos.

En el caso de un nuevo desarrollo y mantenimiento se debe medir dos características importantes: la complejidad de la nueva tecnología de gestión y el tamaño o escala de esta tecnología. Adicionalmente, se debe evaluar las dos características de: complejidad y tamaño del software.

Realizar un cambio a nuevas tecnologías antes del desarrollo de un proyecto se debe medir el impacto y si es transferible el proceso a este proyecto. Una forma de medición es el desarrollo en paralelo de dos procesos específicos con dos gestiones diferentes, la actual y la nueva tecnología de gestión. Se debe validar y verificar los resultados de las gestiones. El impacto es menor a un proyecto que este bien avanzado, si el proyecto no ha comenzado o está en su inicio el impacto es grande, debido al paradigma de la horda mongoliana (Pressman 1998, pág. 12), en colocar más recursos humanos al proyecto cuando hay retraso, no es lo más recomendable. En el caso de mantenimiento se asume que el producto está terminado, la gestión es crear un proceso nuevo, donde se involucra una nueva gestión y el impacto es mínimo, debido a que la complejidad del resultado debe ser de menor escala al desarrollo total del software.

En los últimos años, se ha desarrollado una variedad de procesos de software de forma estándar, que los administradores de software se pueden apoyar en su labor. Existen dos formas de desarrollo de estos procesos:

- Nuevos procesos;

- Cambios por adaptaciones;

Tenemos dos ejemplos claros que hemos descritos, un proceso de software para el mantenimiento y otro para un nuevo proyecto. En el mantenimiento es un planteamiento en el que se basan en los conceptos de los diferentes ISO que son empleados en las gestiones en los procesos de mantenimiento y calidad del software, mantenimiento basado en ISO/IEC 33000 (antes ISO/IEC 15504) que integran las diferentes disciplinas de la ingeniería que manejan el uso múltiple.

Si comparamos proyecto de mantenimiento y proyecto del nuevo software, ambos toman como referencias ISO/IEC 33000 (antes ISO/IEC 15504), aun partiendo del mismo estándar, se diferencia por la complejidad y la escala o el tamaño de estas tecnologías. El proceso de gestión entre ambos viene bien limitados en dos diferentes procesos, mantenimiento y optimización organizacional en los diferentes procesos. El cual uno puede abarcar el otro. Si aplicamos los mantenimientos en un nuevo desarrollo completo de optimización organizacional, puede que funcione esta gestión, pero es altamente factible que falle porque no está concebido para este proceso. De la misma manera, el desarrollo de la gestión en una organización grande al aplicar los procesos de mantenimiento puede que no resulte, debido a que esta gestión está orientada a mantenimiento de software. Del mismo modo, al aplicar procesos de desarrollo de un gran proyecto en uno pequeño puede que sea tan engorroso que es probable que la gestión falle, debido a su complejidad o por sub-utilizar esta gestión. Si vemos estos dos procesos como tecnologías nuevas en las empresas a nivel de gestión, es un deber en estudiar muy bien el objetivo de la organización o las necesidades de estas.

Si comparamos diferentes gestiones que se desarrollan en varias disciplinas diferentes, el combinarlas en un proyecto conlleva al manejo de una complejidad alta en la integración de estas. De este modo, se debe buscar una gestión que integre de forma simple y en forma automatizada.

Tanto los nuevos proyectos y los mantenimientos de software provienen de cambios de necesidades del entorno externo, esa necesidad hay que simplificar y automatizar los procesos, que necesariamente sea cubierta con la evolución de una o combinación de varias tecnologías, en el caso de los mantenimientos provienen de combinaciones de tecnologías de gestión, complementos y ampliaciones que se hace referencia a ISO 12207, ISO/IEC 33000 (antes ISO/IEC 15504), ISO 1476.

3.1. Ciclo de los procesos

Todo proceso de desarrollo de software evoluciona y se amplía con acciones humanas, los procesos son actividades que producen y desarrollan software. Un modelo de procesos es la representación de estas actividades en el mundo real.

El ciclo de los procesos es un conjunto de actividades generales de un nivel de alta abstracción que representa la guía de los diferentes modelos de procesos. El objetivo del ciclo de los procesos es mantener con buenas expectativas el modelo de proceso y el proceso en sí. La realidad de lo que se desea y lo que se da como resultado en la realidad.

El ciclo de los procesos contiene varias actividades involucradas y son:

- Aplicabilidad del modelo. Identifica las condiciones ideales para aplicar el modelo de proceso.

- Análisis del proceso. Investiga y verifica que estas actividades se puedan aplicar a esta realidad.

- Diseño del proceso. Desarrolla la estructura con las diferentes actividades en el modelo de proceso, generalmente, están predefinidos con actividades establecidas.

- Implementación del proceso. Aplicación y accionar de las actividades definidas.

- Validación y evaluación del proceso. Evalúa los resultados y el rendimiento del proceso.

- Mejoras del proceso. Se auto controla y mejora su desempeño como modelo.

Existirán, evolucionarán y crearán nuevas tecnologías en el proceso de gestión, en el pasado, en el presente y en el futuro, esto viene dado por el mismo progreso de las investigaciones de cada tecnología, los descubrimientos, y nuevas necesidades del entorno externo que empuja a ser cambiante nuestra forma de gestionar. El detalle es la aplicabilidad y la selección de estas nuevas tecnologías en nuestro entorno organizacional, para el mejoramiento de los procesos. Si realizamos la analogía de los procesos y del ciclo de los procesos, las diferencias entre ellas, para todos son las variantes del entorno externos y el ciclo de los procesos, las actividades de investigación, la adopción de nuevas tecnologías y el descubrimientos de estas. Si se determina en estas tecnologías sean coherentes y consistentes con el entorno externo se mantendrán por sí misma en el tiempo, sino, desaparecerá.

En conclusión, la escogencia de estas tecnologías depende del estudio del entorno organizacional real y de la consistencia de la representación del modelo organizacional de estos procesos. Por otro lado, se debe medir estas tecnologías en dos formas, en su tamaño y complejidad. Un punto importante es el objetivo por el que fue creada esta nueva tecnología aplicada a la organización.

3.2. Proceso Gestión Organizacional

Cuando se usan estos modelos en los nuevos proyectos de software se contemplan diferentes áreas como: Proceso de Gestión, Gestión de proyecto, soporte e Ingeniería de procesos. En los mantenimientos de software el uso de la ingeniería del software abarca en todo sus procesos.

En rasgos generales, la pregunta sería ¿Qué tanto ayuda la Ingeniería del Software en el proceso de Gestión? Esta pregunta debe ser enmarcado en dos tipos de gestiones: gestión de procesos de software, y gestión alrededor de estas o gestión organizacional (que incluye en la mayoría de los casos a la gestión de procesos del software), más adelante se tratarán estos temas. La otra pregunta que se debe hacer, si existe una nueva forma de gestión organizativa para una nueva tecnología, es ¿Qué aporta la Ingeniería del Software en el proceso de gestión? Para responder este punto se describe en los siguientes párrafos al responder la primera pregunta.

El proceso de gestión del software es administrar el desarrollo del software en una forma eficiente, de alta calidad y de bajo costo, este concepto aparece en los diferentes textos académicos y no difieren tanto en las consecuencias o los resultados de la gestión; la gestión alrededor de estas, son propias de las organizaciones, del cual, las gestiones del software y las externas están atadas y restringidas, existe un vínculo entre ambas gestiones (Sommerville I. 2002, pág. 72).

El caso descrito por Sommerville al estar restringidas a presupuesto y calendarización de los proyectos a la que debe ajustarse a la organización que se desarrolla el software. El manejo de la gestión de proceso de software afecta las otras gestiones, en el caso de la velocidad de entrega de productos, con calidad y bajo costo, permite la gestión de negociación y ventas del producto, tomar decisiones a sus acciones con sus clientes (usuarios finales, otras áreas de la empresa, o a otras empresas).

Al tener una deficiencia en la gestión de procesos del software, podemos nombrar numerables efectos de esta relación, tomamos un ejemplo como, el producto realizado con una pobre gestión produce un alto nivel de esfuerzo para las ventas o mercadeo de estas, por el otro lado, el mantenimiento tendrá un costo elevado a futuro; más adelante se replantea el efecto de las gestiones de procesos del software a la gestión organizacional. En el sentido contrario, la gestión de la organización afecta la gestión de los procesos de software en gran medida, cuando Sommerville habla de los presupuestos, afecta en alguna medida la asignación de recursos, la gestión de suministro, etc. Afecta de alguna forma el recurso humano dentro de los proyectos de desarrollos de software, donde influye directamente en los productos. Por esta razón, existen procesos de gestión diversos, como por ejemplo, en la aplicabilidad de los procesos de CMMI (Capability Maturity Model Integration) involucra la institucionalización de los cambios, los objetivos y el compromiso de la institución. Existe una gestión de proceso de software y gestión organizacional que permiten el éxito del producto y servicio. Esto indica que la gestión organizacional impacta a la gestión de procesos de software, sobre este tema existe una gran cantidad de trabajo y áreas de estudio en la gerencia.

Replanteando el vínculo de la gestión Organizacional con la gestión de procesos de software desde el punto de vista de dos o más organizaciones diferentes, una organización que realiza la gestión de proceso de software y otra organización quien la utiliza para efecto de gestión organizacional.

En párrafos anteriores, se describe el impacto de la gestión organizacional sobre la gestión del proceso del software dentro de una organización, en otra perspectiva, el efecto e impacto de la gestión de proceso de software sobre la organización viene dado en el apoyo a la labor de gestión organizacional, es decir, la gestión organizacional debe plantearse el hecho de responder, adecuarse, innovar y anticiparse al entorno externo, para esto se basa en la información u acceso a la información, sea en forma electrónico o por procesos humanos para las tomas de decisiones.

En este caso el aporte de la Ingeniería del Software están en los productos desarrollados para el apoyo de las decisiones y la automatización de la información, generar una integración del conocimiento humano y la integración de soluciones basadas en la información. En donde los productos generados por la Ingeniería del Software en los procesos planificados y previstos son los referentes a los desarrollos de los sistemas de información, y en los casos de situaciones no planificadas y anticiparse al entorno externo, se apoya en el desarrollo de los sistemas del conocimiento (sistemas expertos). Desde este punto de vista, existe una gran relación de gestión organizacional y gestión de procesos del software, en donde este último, debe integrar el conocimiento organizacional y la gestión organizacional como producto.

Describiremos más adelante la influencia o el aporte de la Ingeniería del Software en la gestión organizacional. En la gestión organizacional se pueden describir actividades en las que la Ingeniería del Software influye como:

- **En la definición del ciclo de vida del proyecto**. La determinación de las fases del ciclo de vida del proyecto en las tomas de decisiones de los períodos de evaluación y realizar decisiones. Determinar las fases del proyecto para el software que incluye típicamente la selección y el refinamiento de un modelo de desarrollo del software para tratar interdependencias y para apropiarse en la ordenación de las actividades del proyecto del software (SEI 2002). Determina en el proceso de la gestión organizacional en la evaluación de la selección del software apropiado, la colocación ordenada del uso del software.

- **En la estimación de esfuerzos y costos**. Muchos modelos paramétricos se han desarrollado para ayudar en estimar coste y horario. El uso de estos modelos como la fuente única de la estimación no se recomienda mientras que estos modelos se basan en los datos históricos de proyectos que pueden o no ser pertinentes a su proyecto. Los modelos múltiples y/o los métodos se pueden utilizar para asegurar un alto nivel de confianza en la estimación. Adicionalmente, se considera el estudio de la estimación de los recursos críticos de computadora en el ambiente de Host, en el ambiente de la prueba, en el ambiente de producción, o en cualquier combinación de éstos. Las estimaciones incluyen: identificar recursos críticos de computadoras para el proyecto del software; y estimar los requerimientos de recursos críticos de computadoras (SEI 2002). Estima en la gestión organizacional el costo y el esfuerzo de los recursos requeridos en relación al uso de las computadoras y el uso de esta en las estimaciones.

- **Establecimiento de plan del proyecto**. Planificación y documentación de los planes de desarrollo del software y del proyecto. Un plan documentado que trata todos los artículos relevantes del planeamiento que es necesario alcanzar para la comprensión, el compromiso y el funcionamiento mutuo entre los individuos, de grupos y de las organizaciones que deben ejecutar o apoyar los planes. El plan generado para el proyecto define todos los aspectos del esfuerzo, atando junto de una manera lógica: consideraciones del ciclo de vida del proyecto; tareas técnicas y de la gerencia; presupuestos y horario; gerencia de datos, identificación del riesgo, recursos y requisitos de la habilidad; e identificación e interacción de los Stakeholders (personas o grupos de personas importantes que afectan e influyen en el proyecto). Las descripciones de la infraestructura incluyen las relaciones de la responsabilidad y de la autoridad para el personal del proyecto, la gerencia y las organizaciones de los soportes (SEI 2002). El estudio de la planificación en la gestión de los procesos de software y ayuda a la gestión organizacional en el desarrollo de software.

- **Monitoreo de recursos provistos y usados**. Los recursos usados como las computadoras, periféricos y software usado en el diseño, manufacturación, pruebas y operación; herramientas de Software, redes, etc. (SEI 2002). La gestión del proyecto ayuda en la gestión organizativa en las mediciones, servicios, operaciones básicas y soporte automatizado en los cambios del área de la información y administración de la información. De aquí se destaca, por ejemplo, el uso de la Intranet, Internet y Extranet en las organizaciones.

En resumen, basando por los procesos organizacionales donde se detalla el apoyo a la gestión organizativa por la gestión del proceso de software en el modelo de ciclo de vida ISO 12207 de la siguiente clase:

- **Gestión**: organizar, supervisar y controlar la inicialización y ejecución de cualquier función o proceso para alcanzar el objetivo de negocio de la organización, aplicando gestión de proyectos, gestión de riesgo, gestión de calidad y gestión de medición. Usos de las herramientas y los procesos de gestión del proyecto para los cambios a las nuevas tecnologías, adicionalmente, administrar la necesidad de la organización en materia de procesos de software y en los cambios.

- **Mejora**: lleva las actividades de selección, adquisición, desarrollo, mantenimiento y administración con otros procesos. Al colocar una nueva tecnología de gestión, permite evaluar y seleccionar la tecnología computacional que se adapte al cambio, permitiendo que la selección se adapte a los cambios organizacionales, fácil desarrollo de nuevas funciones (software) y rápida integración con otros procesos y que adicionalmente tenga esta tecnología computacional, las herramientas de mediciones y los controles para los resultados reales hacia la organización. Todos estos componentes deben ser integrales para un fácil mantenimiento, control, desarrollo y expansión hacia el futuro.

- **Gestión de recursos humanos**: selección de personal con conocimientos y habilidades en las nuevas tecnologías. Donde abarcar tanto personal en los procesos de gestión y producción (tecnologías computacionales). Permite enfocar los tipos de entrenamientos al personal en la nueva tecnología en el proceso de producción y soporte.

- **Infraestructura**: Gestiona las actividades para el mantenimiento y selección de la infraestructura para el software: HW (hardware), SW (software), métodos, herramientas, técnicas, estándares y cualquier medio para el desarrollo, mantenimiento y operación de los SW de una forma de alta calidad y confiable para el soporte.

- **Gestión de Activos**: gestiona la vida útil de los activos en forma técnica desde su incorporación hasta su retirada, procedimiento administrativo en los activos para la implementación de la nueva tecnología en el proceso de gestión.

- **Gestión de la reutilización**: Gestionar planes para establecer, controlar y supervisar el programa de reutilización en la organización, para la tecnología actual y la nueva a implantar.

- **Ingeniería de dominio**: Gestiona el desarrollo, mantenimiento y mejoras del dominio con la integración de la nueva tecnología.

En conclusión, el aporte de la gestión de procesos del software hacia la gestión organizativa es el apoyo de la gestión técnica al implementar la nueva tecnología. La gestión técnica permite los planes de la selección, implementación, mantenimiento y desarrollo computacional que soporte la nueva tecnología en la gestión organizacional.

3.3. Gestión de Proceso del Software

En la gestión de proceso del software al utilizar nuevas tecnologías se debe plantear de la misma forma que el nuevo desarrollo y el mantenimiento de un software, utilizando los modelos de procesos adecuados. Para gestionar el proyecto se plantea dos clases: gestión de desarrollo y gestión de mantenimiento del software. En ambas gestiones existen coincidencias en las actividades, y si estudiamos otros modelos de desarrollo las consecuencias u objetivos finales son los mismos. En la gestión el manejo de las nuevas tecnologías lo tomamos como un requerimiento básico para la gestión en el proceso de software.

3.3.1. Gestión en Proceso desarrollo del nuevo Software

Tomamos como base el modelo CMMI para el desarrollo del nuevo proyecto, donde se identifican los procesos de gestión del proyecto. Están incluidos en las áreas procesos: Gestión de procesos, Gestión de proyecto, Ingeniería y Soporte.

3.3.1.1. Gestión de Proceso de desarrollo del Software

En la gestión de procesos de desarrollo del software se identifican claramente las siguientes áreas:

- Enfoque proceso organizacional
- Definición de proceso organizacional
- Entrenamiento organizacional
- Funcionamiento de proceso organizacional
- Innovación y despliegue organizacional

Al definir la gestión de estos procesos como una tarea básica donde hay que gestionar evaluar y adaptar las nuevas tecnologías que soporten las necesidades, la ejecución, los crecimientos y las mejoras de los objetivos trazados. Esta gestión de evaluar, seleccionar y medir la nueva tecnología en forma macro debe soportar la necesidad de la organización.

3.3.1.2 Gestión de proyecto en Proceso desarrollo del Software

En la gestión de proyecto se identifican varias áreas de procesos como se indica:

- **Planificación de proyecto**: estimar el ciclo de vida del software a implementar y estimar el ciclo de vida de la plataforma con la nueva tecnología. Planificación de acceso y arquitectura de almacenamiento de datos, identificar debilidades, estimar el esfuerzo y tiempo contra otra tecnología del mercado, el costo, la estimación de nivel de especialización de conocimiento o habilidades para el uso y su estudio de portabilidad, conexión o compatibilidades entre la nueva y las otras tecnologías. Planificación del plan del proyecto y obtener compromiso para el plan.

- **Control y monitoreo de proyecto**: planificación de monitoreo para evaluación de la nueva tecnología.

- **Gestión de contrato de suministro**: estudio y selección de suministradores de la nueva tecnología, garantía de existencia de los suministradores, por lo menos hasta la estimación del ciclo de vida del proyecto.

- **Gestión de Integración de proyecto**: gestionar y establecer el uso y la adaptación de la nueva tecnología en la organización, determinar stakeholders relevantes y equipos.

- **Gestión de riesgo**: gestión de identificación, determinación, análisis y contingencia de los problemas y debilidades de la nueva tecnología.

- **Teaming Integrado**: identificar, establecer y asignar los Stakeholders y equipos que soporten, y tenga la habilidad y el conocimiento en las nuevas tecnologías.

- **Gestión Integrada de suministro**: selección, e identificación de los suministradores y productos de la nueva tecnología confiable, adicionalmente, evaluar los nuevos productos que permitan llegar al objetivo de la organización.

- **Gestión de proyecto cuantitativo**: gestión de selección, construcción y ejecución de procesos que permiten medir en forma estadística la nueva tecnología. Dividir los procesos en subprocesos que permitan la medición y aplicación de controles. Gestión de tipos de mediciones y técnicas analíticas, almacenamiento de información y monitoreo de los subprocesos.

3.3.1.3. Ingeniería

En la gestión de la ingeniería se identifican varias áreas que abarcan:

- **Gestión de requerimientos**: manejar los requisitos y las ventajas de la nueva tecnología y sus componentes e identificar inconsistencia contra los planes del proyecto, requisitos y productos de los proyectos. Identificar del mismo modo las consistencias entre los nuevos componentes y los requerimientos.

- **Gestión de desarrollo**: gestión de desarrollo y análisis de los requisitos de los clientes, producto y producto-componente bajo esta nueva tecnología, recolección de información de los Stakeholders y la parte técnica, extraer necesidades de los stakeholders y/o técnicas de la organización. Establecer, localizar e identificar los nuevos componentes o los nuevos productos. Análisis y validación de los escenarios técnicos, funcionales y conceptos operacionales con el uso de esta. Analizar, validar y comparar con otra tecnología y la actual.

- **Solución técnica**: desarrollo de soluciones alternativas y criterio de selección. Diseño de escenarios con la nueva tecnología. Seleccionar los nuevos componentes que cumplan con los requisitos de las soluciones. Gestionar el diseño, desarrollo e implementación de las soluciones de los requisitos basado en la selección.

- **Integración del Producto**: manejo para ensamblar los diferentes componentes seleccionados que funcionen y la entrega del producto. Integración con productos más complejos y los nuevos componentes en forma incremental que soporten la nueva tecnología e integración con otras tecnologías. Gestionar las interfaces dentro de la misma y con otras tecnologías. Esta integración se puede determinar de componentes a componentes, de componentes a productos, de productos a productos de la misma tecnología y de productos a productos de diferentes tecnologías.

- **Verificación**: gestión de verificación de integración de las diversas combinaciones.

- **Validación:** gestión de la satisfacción de las diversas integraciones.

3.3.1.4. Soporte

En la gestión del soporte se identifican varias áreas:

- **Gestión de configuración**: gestión de identificar y mantener la integridad, usando configuraciones. Las configuraciones son niveles de granulación, permite trabajar el software en diferentes escenarios y condiciones internas y externas, en ellos se basan en los códigos fuentes soportados en diferentes tipos de compiladores, herramientas, etc. y que en la nueva tecnología permite operar. En esto existe el manejo de identificación, control, contabilidad de estado y auditoría de la configuración. La nueva tecnología debe permitir el fácil manejo o herramientas de control de versiones, administración de versiones, entregas y cambios, y construcción de los sistemas.

- **Proceso y garantía de la calidad del producto**: gestionar que el recurso humano y la gerencia en el ingreso de la nueva tecnología. Uso de las nuevas herramientas y procesos, si es posible, en paralelo con la actual.

- **Medición y Análisis**: gestiona el establecimiento, recolección y almacenamiento de datos para las mediciones y análisis de la nueva tecnología. En paralelo el uso de la nueva tecnología en la medición y análisis del software a construir.

- **Análisis de Decisión y resolución**: analizar las diferentes decisiones posibles y el uso de la evaluación formal versus los criterios establecidos. Resolución del problema.

- **Ambiente Organizacional para la Integración**: gestionar la integración de la infraestructura de la nueva tecnología a la organización. Gestionar el recurso humano para la integración.

- **Análisis causal y resolución**: canalizar los defectos y las soluciones de los problemas, y la acción para que no vuelva ocurrir con la nueva tecnología. Puede que surja de una nueva versión de la tecnología o por controles de los componentes para las soluciones de los problemas.

3.3.2. Gestión en Proceso de mantenimiento del Software

Tomamos como base el modelo de referencias para procesos: ISO/IEC 33000 (antes ISO/IEC 15504) donde se identifican tres aspectos importantes para el mantenimiento: cultura de mejoramiento y establecimiento de mecanismo para apoyarlo y mantenerlo; la ingeniería de procesos para satisfacer los requisitos del negocio; y la optimización de recursos.

La cultura de mejoramiento en la organización existe como regla en la gestión organizacional. Un punto de mejoramiento en la organización es estar tecnológicamente actualizado, esto implica el compromiso de la organización en la adquisición de las nuevas tecnologías. Esta debe permitir cambiar en forma incremental o facilitar los cambios, donde es una característica importante en el mantenimiento y permite alargar el ciclo de vida de ella misma y sus productos. Debe ser rico en componentes y de arquitectura abierta para apoyar los mecanismos.

La nueva tecnología debe satisfacer los requisitos del negocio, por medio del manejo del ciclo de vida de los requerimientos debe ser de menor costo y tiempo en su desarrollo, y fácilmente integrable y de forma integral.

En la optimización de los recursos, debe permitir herramientas de evaluación de los componentes, los productos y su ambiente. La filosofía de trabajar con ella es que permita el uso eficiente de los recursos. Su uso debe permitir disminuir el costo y el tiempo de respuesta de los recursos, y aumentar la calidad del producto o servicio por medio del software.

En el capitulo "Proceso Gestión Organizacional" se menciona la influencia de la gestión afectada por la Ingeniería en ISO 12207, más adelante se describe la nueva tecnología vista por el mantenimiento del software haciendo diferencia con ISO/IEC 33000 (antes ISO/IEC 15504) en agregar nuevos procesos al ISO 12207 de los cuales se pueden nombrar:

- **Evaluación de los requerimientos**: gestión de recompilar, procesar y monitorear la evolución con el uso de las nuevas tecnologías. Establecer si satisface a los requerimientos de los usuarios y de la organización.

- **Gestión de proyecto**: su objetivo es identificar, establecer, coordinar y supervisar las actividades, tareas y recursos necesarios que permitan crear un producto o servicio que cumpla con los requisitos.

- **Gestión de la Calidad**: este proceso busca supervisar la calidad de los productos, componentes y/o servicios generado en la nueva tecnología y asegurar que satisfagan a la organización. El interés se debe centrar en la calidad de la tecnología.

- **Gestión de Riesgos**: el propósito es identificar y evaluar los riesgos del uso de la nueva tecnología.

- **Alineamiento Organizacional**: se identifica esta tecnología con las necesidades organizacional.

- **Medida**: el propósito de este proceso es planificar la recolección y análisis de los datos relativos a los nuevos productos desarrollados, servicios y a los procesos implementados por una unidad organizacional.

- **Mantenimiento del Sistema y del Software**: gestión de mantenimiento del software con la nueva tecnología y, adicionalmente, la nueva infraestructura que la soporte.

- **Reutilización**: gestión del proceso de la Reutilización en ISO 12207, usando la nueva tecnología. Reutilización de la tecnología actual en la nueva y viceversa.

Independientemente del modelo que se debe escoger para la gestión de mantenimiento del software con la nueva tecnología, se debe evaluar el proceso para determinar su aplicación, por ejemplo: la tecnología es adecuado en software de larga vida para grandes organizaciones (Sommerville, I. 2002, pág. 573).

En ambos modelos tanto el desarrollo de nuevos software y mantenimientos contienen en la forma de objetivos y de actividades principales a nivel de calidad, se describen en tres grandes niveles (Somerville, I. 2002, pág. 537): aseguramiento, planeación y control de la calidad. En las actividades de gestión tanto el desarrollo y mantenimiento se ven reflejadas estas tareas y procesos.

4. Procesos de Producción

El proceso de producción se relaciona en la construcción y el mantenimiento del producto, el impacto que se genera en el uso de la nueva tecnología en la producción y en el mantenimiento del producto que se minimiza con las gestiones y las actividades de estas. En este capítulo se detallan estas actividades con el apoyo de la Ingeniería del Software, en los primeros subcapítulos describiremos a lo que nos enfrentamos al hablar de las nuevas tecnologías, luego separamos en dos procesos: mantenimiento y desarrollo del nuevo software. Si enfocamos las actividades de desarrollo de las nuevas aplicaciones o el mantenimiento del software en un conjunto de actividades para incorporar la nueva tecnología, determinamos a simple vista que la escala y magnitud del trabajo son diferentes en ambos casos, como se describió en los procesos de gestión.

Si partimos que un software se descompone en funciones o en componentes altamente cohesivo, modular y de bajo acoplamiento, el trabajo para construir un nuevo aplicativo es acoplar todos estos componentes, módulos o funciones en un producto. Al usar la nueva tecnología desde el comienzo del proyecto, partimos que todos estos componentes, funciones o módulos están bajo ella y están disponible para ser usados. El impacto del nuevo software a desarrollar, donde puede o no afectar a los demás software implementados, o más general, a todo el sistema.

En el caso de mantenimiento del software se estima que el impacto es menor, debido a que el software está desarrollado bajo una tecnología actual que se asume que todas sus fases fueron culminados y está operativo; al ingresar el nuevo módulo, función o componente con la nueva tecnología, la proporción entre la actual y la nueva, es mayor el primero, el control de riesgo está basado en la actual y un estricto control de la nueva, al menos; si sucede que la nueva absorba la actual e impacte de forma radical. Si la condición última sucede, el nuevo componente tiene alto acoplamiento al sistema actual que no es lo más recomendable.

Se puede inferir varios puntos y los separamos en varios niveles de abstracción en cualquiera de los aspectos tanto de desarrollo como de mantenimiento, los cuales describiremos. Existen niveles de afectación con el nuevo elemento construido con la nueva tecnología funcionando en la plataforma actual. La afectación por niveles se describe desde lo más básico con una función hasta la plataforma que lo soporta. Como una función, módulo o software que puede afectar a ella misma u otros sistemas en la plataforma. Realizar la investigación hasta que nivel trae la consecuencia al colocar el nuevo elemento no es fácil. Por ejemplo, al ingresar una nueva función al software puede afectar solo a la función, al conjunto de módulo cercano, al software completo o a la plataforma donde esta soportada y afecte a los demás software instalados.

Los nuevos componentes instalados en la plataforma actual se deben conocer el tipo de afectación: provenga por su diseño a nivel de cohesión y acoplamiento; o por la característica de integración de la actual y la nueva tecnología. Lo recomendable que la afectación sea por la integración de las tecnologías y no por el diseño.

El estudio y la medición de impacto en cada situación es un proceso largo, adicionalmente, al estudiar desde la creación de nuevos códigos hasta estudiar la tecnología por completo, en la actual y en la nueva tecnología, que al terminar el estudio puede aparecer nuevas tecnologías en el entorno externo y este pierda vigencia. Este estudio se debe hacer cuando la tecnología a adquirir tiene una vigencia larga de vida útil con la combinación que se adapta y cubra la proyección de los requerimientos futuros de la empresa, estos proyectos son a muy largos plazos en el tiempo. Por ejemplo, en el sector bancario hacen estudios para seleccionar un nuevo software y su plataforma para sus oficinas de atención al cliente, estos estudios pueden durar años. El otro enfoque de estudio es la utilización inmediata, pero son los casos de los proyectos de corto tiempo, que se aplica en un caso en particular y más puntual que ayude dar un resultado rápido.

Si nos basamos el estudio en enfocar el impacto en cada ente que hemos mencionado, como:

- Funciones del software
- Módulos del software o sub sistemas
- Software
- Sistema operativo
- Hardware
- Tecnología

La nueva tecnología puede ser agregada en uno o varios entes que enumeramos anteriormente. Se debe contemplar en el estudio la conexión, la comunicación o el acoplamiento entre cada uno de los entes. Dependiendo de la comunicación entre ellas y con ellas misma, afecta o no con la nueva tecnología, del mismo modo, la comunicación entre los diferentes entes también es una propiedad y característica de la tecnología. Basado en la Ingeniería del Software vemos que existen varios conceptos involucrados en este estudio, como la modularidad, arquitectura, reusabilidad y la comunicación. Empecemos a describir cada concepto aplicado a este estudio.

4.1. Modularidad de las nuevas tecnologías

La modularidad según Pressman (Pressman 1998, pág. 239-240), puede ser efectiva o eficiente. El caso de ser eficiente se basa en el nivel de la cohesión y el acoplamiento de las funciones o módulos, es eficiente si existe una cohesión alta y acoplamiento bajo, que es lo más recomendable, lo demás casos son de modularidad efectivas. Si a los entes nombrados anteriormente se aplican este concepto con el uso de una nueva tecnología; la consecuencia es que la función de un software al ocurrir cualquier error se debe impactar solo en la función. Existen herramientas de desarrollo que permite una cohesión alta, por ejemplo, el caso de Visual C++ en el uso de objeto y clases en el desarrollo que es de cohesión baja, pero existen herramientas que permiten trabajar con cohesión alta como Turbo Pascal, Borland C. En ambas herramientas, dependiendo de la habilidad del programador puede manejar el nivel de cohesión a su antojo, es decir, aunque la herramienta de desarrollo no permita la creación de funciones y módulos con cohesión baja, el programador lo haga y viceversa, si la herramienta de desarrollo solo permite cohesión baja, el programador enfoca en sus códigos un nivel de cohesión alta. En conclusión la decisión está en las manos del desarrollador, aunque la tecnología lo permita o no.

Existe otro concepto referente a la modularidad, la descomposición modular de la estructura del sistema (Sommerville, I. 2002, pág. 219-232). En este explica que existe dos modelos que son: modelo orientado a objetos y un modelo de flujo de datos. Explican que estos modelos son de bajo acoplamiento, no especifica el nivel de cohesión.

Dependiendo de la estructura del sistema podemos manejar las dos hipótesis: de alta y baja cohesión. Esto se aplicaría a los entes de software y sistema operativo, y en algunos casos la descomposición modular puede llegar hasta las funciones del software. Aquí depende de la implementación y el uso en cada uno de los entes en esa tecnología en el tema de cohesión.

El efecto de la cohesión debe ser análogo, según lo presentado por Pressman, enfocado a los sistemas operativos y software. Los ejemplos enfocados al software y los sistemas operativos UNIX y los de Windows, donde el sistema operativo UNIX es afectado directamente por el software y el software permite adicionalmente tener el acceso directo a los recursos del hardware, mientras que en los sistemas Windows, el software solo permite acceso al sistema operativo y no al recurso del hardware en forma directa, sino por medio del sistema operativo. En estos casos se detecta que el software puede ser altamente cohesivo con el sistema operativo en el caso de Windows y medianamente cohesivo en el caso de UNIX. La cohesión de las funciones, en el párrafo anterior, se aplica de la misma manera en este estudio, depende del desarrollador o programador en crear software altamente cohesivo, pero la diferencia en los sistemas operativos, es que lo permita o no, en el caso de Windows podemos simular el nivel de cohesión alta, colocando un software o componente entre el software a desarrollar y el sistema operativo. La cohesión de los aplicativos también depende del lenguaje de programación y el mecanismo de uso (librería, biblioteca, servicios, etc.).

El estudio del nivel de uso de los recursos de hardware y del sistema operativo, el desarrollar un software no se debe acceder a estos elementos de forma directa, a medida que se haga esta actividad el nivel de cohesión se vuelve alta, colocando el uso del hardware o del sistema operativo en otros componentes, funciones o módulos individuales que son usados por todos los demás módulos del software; que en el futuro sea de fácil mantenimiento o sustitución. Ejemplos de la cohesión entre el sistema operativo y hardware, se tiene la tecnología "propietarias" y la tecnología actual, los sistemas operativos de la tecnología "propiedad" funcionan en hardware fabricado por los mismos diseñadores del sistema operativo, y este sistema operativo no funciona en otro hardware. En la tecnología actual, la mayoría de los sistemas operativos puede estar funcionando independientemente del hardware y del fabricante, solo con tener ciertas características y requisitos para su instalación y su funcionamiento, se tiene un rango mayor de opciones a que estar con un mismo hardware.

Si la tecnología se gestiona a nivel de cohesión y acoplamiento, se cubre todos los puntos nombrados anteriormente e inclusive la filosofía de usarla, con este enfoque, la tecnología contiene estándares, actividades y usos muy específicos. Dependiendo de esta abstracción, el nivel de cohesión en todos sus ámbitos, su afectación e impacto en su uso será enorme o puntual en el sistema.

El otro punto a estudiar en la modularidad es el acoplamiento, en párrafos anteriores se han mencionado. Los niveles de acoplamientos, es el nivel de interconexión entre dos funciones o módulos en una estructura de un software (Pressman 1998, pág. 240-241). En este concepto se aplica en forma análoga entre software (que puede ser un sistema operativo), aunque Pressman no mencione el acoplamiento entre software y hardware en los casos que se mencionó en la cohesión. Mientras el nivel de acoplamiento sea mayor, el nivel de reusabilidad disminuye. Sucede lo mismo con acoplamiento de varias tecnologías en un nivel de abstracción alta, que dos o más tecnologías diferentes trabajen juntos, y en este caso podemos analizar desde el punto de vista de la arquitectura de las diferentes tecnologías. Lo recomendable en el caso del acoplamiento debe ser bajo, que permite fácil conexión y des conexión.

4.2. Arquitectura de las nuevas tecnologías

La arquitectura de las nuevas tecnologías depende de cómo es la estructura del sistema y cómo está diseñada. Al estudiar la base de la estructura del sistema, estamos estudiando sus componentes y sus conexiones. Esto es debido a que el reflejo de una tecnología plasmada en las computadoras, da como resultado el producto en software y/o hardware, herramientas de desarrollo, etc. Podemos nombrar tres grandes modelos, basándonos en la "Estructura del Sistema" de Sommerville (Sommerville, I. 2002, pág. 219-224): el modelo de depósito, el modelo cliente – servidor, el modelo de máquina abstracta. Las nuevas tecnologías pueden generar una nueva estructura diferente, o reutilizar y combinar las existentes.

4.2.1. Modelo de depósito

Los subsistemas que componen un sistema deben intercambiar información con el fin de trabajar de forma conjunta y efectiva (Sommerville, I. 2002, pág. 222). Existen dos formas para lograrlo:

-   Base de datos central compartida para ser accedido por cada subsistema.

-   Cada subsistema tiene su propia base de datos. Los datos son intercambiados entre subsistema por mensajes.

En el caso de Base de datos centrales, son las herramientas CASE, los sistemas CAD, los sistemas de mando y control, y sistemas de administración de información. Este tipo de arquitectura tiene ventajas y desventajas, las cuales al ser implementados o adquiridos hay que tener en cuenta lo siguiente:

- Eficiencia de compartir los datos. No es necesario transmitir datos de un subsistema a otro.

- Los subsistemas deben estar acordes con el modelo. Puede ser difícil o imposible de integrar nuevos subsistemas acordes al modelo.

- Los subsistemas que producen datos no necesitan saber cómo son utilizados por otros subsistemas.

- Difícil de evolucionar si existen muchos datos. Traducir a un nuevo modelo es difícil o imposible de realizar.

- Respaldo, control de acceso, seguridad y recuperación de errores son centralizados.

- Cada subsistema tiene sus propias políticas de seguridad, recuperación y respaldo, a diferencia del centralizado que utiliza todos los subsistemas con la misma política.

- El modelo de compartir es visible a lo largo del esquema. Facilidad de nuevas herramientas.

- Si existe distribución de datos, habrá problema de redundancia e inconsistencia de los datos.

Las nuevas tecnologías basadas en este modelo, al ser agregadas a la tecnología actual pueden generar los siguientes:

- Compatibilidad de los datos. Si la tecnología actual soporta este modelo, el cambio es mínimo y es heredada a la nueva tecnología a su subsistema. De lo contrario, la nueva tecnología no es soportada, produciendo un gran impacto.

- Dificultad de migrar a otras tecnologías si posee muchos datos, al menos que posea mecanismo de transferencia de datos.

- Dificultad de crecimiento. Limitaciones generadas por la tecnología actual a nivel centralizada.

- Funciona todo o no funciona nada, por tener los datos centralizados. Al existir un error o haber incompatibilidad de los datos de este modelo con la tecnología actual, la tecnología falla.

- Una mala definición de las políticas centrales genera un colapso en sus subsistemas.

- Fácil reúso del modelo en desarrollo de nuevas herramientas.

- Los esfuerzos de la tecnología está centrado en la disponibilidad, redundancia y recuperación.

4.2.2. Modelo de cliente – servidor

Cliente - servidor es el modelo de sistema distribuido que muestra cómo los datos y el procesamiento se distribuyen en varios procesadores las cargas de trabajo.

Este modelo está compuesto de servidores independientes que ofrecen servicios; y los clientes que enlazan a los servicios ofrecidos por los servidores y la red que permite la conexión entre cliente - servidor (Sommerville, I. 2002, pág. 222).

El servidor y el cliente varían dependiendo de la responsabilidad en el procesamiento de la presentación, la lógica y los datos del sistema. Desde el esquema en que el servidor procesa todos los datos, toda la lógica y organiza los datos para ser presentado al cliente hasta el esquema en que el servidor solo administra los datos centralizados y el resto del procesamiento los realiza el cliente (parte de datos, toda la lógica y toda la presentación). Dependiendo del esquema el cliente puede, hasta cierto punto, ser independiente al servidor u operar a medida cuando el servidor no esté disponible.

La nueva tecnología basada en este modelo posee ventajas y desventajas de las cuales mencionamos:

- Distribución de sus componentes en los clientes, deben tener un nivel de control y administración para la distribución del software, la estructura lógica de los datos y los datos.

- Distribución de datos, puede producir redundancia e inconsistencia.

- Excelentes condiciones de la red. Puede colapsar el sistema si toda la red no está disponible. La condición de la red dependerá del desempeño de las respuestas del sistema.

- Mala distribución de los datos genera tráfico en la red.

- Facilidad de agregar nuevos servidores o clientes sin afectar a la estructura actual.

- Al no estar un servidor disponible, los demás servidores pueden seguir trabajando y no afectar todo el sistema.

- Puede soportar diversidad de tecnología, cada servidor y cliente no necesariamente deben tener la misma tecnología, solo depende del estándar de comunicación entre todos sus elementos. Convivir con varias tecnologías.

- El nivel de integración es dependiendo de las diferentes tecnologías que conviven entre sí, y es la suma de el nivel de integración de cada tecnología (ver capítulo 3.2.1.).

4.2.3. Modelo de máquina abstracta

El modelo de máquina abstracta de una arquitectura (algunas veces llamados modelo de capas) modela la interacción entre los subsistemas. Organiza un sistema en una serie de capas cada una de las cuales suministra un conjunto de servicios. Cada capa se utiliza para implementar el siguiente nivel de la máquina abstracta. Un ejemplo es el enfoque OSI para los protocolos de red (Sommerville, I. 2002, pág. 223-224).

Las ventajas y desventajas de este modelo son:

- Permite desarrollo incremental.

- Es portable y cambiante. Una capa puede ser reemplazada por otra.

- Cuando una capa cambia afecta las capas adyacentes.

- Puede cambiar de máquinas en re-implementar la capa mas interna con dependencia al hardware a otro.

- Difícil estructurar los sistemas de esta forma.

- El desempeño es un problema si el recurso necesitado no está en la capa inmediata, sino, en la interna.

- Si existen demasiadas capas el nivel de administración es grande.

4.2.4. Modelo híbrido

El modelo híbrido es la combinación de los modelos anteriores. Un ejemplo de este modelo es combinar Modelo Cliente – Servidor y el modelo de máquina abstracta, donde cada capa puede estar definida en un servidor, de esta forma, el servidor dependiendo de las condiciones se vuelve cliente para el siguiente servidor (otra capa).

Las ventajas y desventajas de este modelo, viene dada por la suma de los modelos de la máquina abstracta y cliente - servidor, adicionando:

- Cada función de presentación al usuario, datos y lógica, puede ser representada cada uno en un servidor, es decir, un servidor para la presentación, un segundo servidor para la lógica y otro para los datos. Puede realizar la implementación en uno o más servidores, dependiendo del procesamiento de cada función.

- Facilidad de estructuración si se representa por funciones bien definidas (o capas).

Otro modelo híbrido es combinación es la arquitectura repositorio con capas, que el estudio de la ventajas y desventajas se puede observar a simple vista y es un ejercicio para el lector en encontrar un ejemplo de este modelo híbrido.

4.3. Reusabilidad de las nuevas tecnologías

La reusabilidad es descrito tanto por Pressman y por Sommerville con el concepto de "reutilización". Sommerville (2002, pág. 307) define la Ingeniería del Software como un enfoque de desarrollo que trata maximizar la reutilización de software existente. Mientras Pressman (1998, pág. 485) señala a Peter Freeman que describe el concepto de reutilización como cualquier procedimiento que produce (o ayuda a producir) un sistema mediante de algo procedente de algún esfuerzo anterior. Ambos autores presentan la reutilización del software en dos sentidos, por la unidad de tamaño y artefactos reutilizables. En nuestro estudio para las nuevas tecnologías, se usan los dos sentidos en reutilizar o implantar esta tecnología en la actual.

4.3.1. Reusabilidad por unidad de tamaño de las nuevas tecnologías

El concepto de reutilización descrito por Sommerville (2002, pág. 307) como unidades de tamaño se presenta de esta forma:

- **Reutilización de funciones**: es lo común en reutilizar una función o algoritmo de las librerías estándar de la nueva tecnología; este algoritmo, de alguna forma, lo podemos transformarlo en la tecnología actual, con el uso de reingeniería inversa o el uso de un modelo de lenguaje de proceso y adaptarlo a los lenguajes de desarrollo actual. Por ejemplo: cálculos matemáticos, algoritmo de reconocimiento de patrones, etc. El otro sentido es aprovechar las funciones hechas y usarlas en el nueva tecnología por medio de la portabilidad.

- **Reutilización de componentes**: es la utilización de un conjunto de funciones, módulos, objetos y subsistema de la nueva tecnología acoplados al actual. Por ejemplo: uso de DCOM de MS (Microsoft) en el manejo de un sistema de inventario, uso de módulo de comunicación J2EE de IBM (International Business Machines Corporation), etc.

- **Reutilización de sistemas de aplicaciones**: es el uso de la totalidad de los componentes de la nueva tecnología o sus programas. Por ejemplo: Uso de control, política, y conexión de ORACLE en un ambiente MS (Microsoft) o en un ambiente IBM (International Business Machines Corporation).

Este subcapítulo permite el uso de componentes internos en forma abstracta (filosofía de uso) hasta reusar todos los sistemas de la nueva tecnología en el desarrollo y/o mantenimiento de un software.

4.3.2. Uso de artefactos reutilizables

El concepto de reutilización descrito como Artefactos Reutilizables (Pressman 1998, pág. 488-489) se presentan los siguientes candidatos para:

- **Planes de proyectos**: La nueva tecnología presenta un conjunto de planes y actividades para la gestión de los proyectos bajo esta tecnología.

- **Estimaciones de costos**: La nueva tecnología posee actividades y estimaciones generales y puntuales de proyectos anteriores o los laboratorios del suministrador de la tecnología. Existen actividades para estimaciones en condiciones para un nuevo cliente o estimaciones de clientes que ya han sido implementados con esta tecnología.

- **Arquitectura**: La nueva tecnología presenta programas básicas, datos o plantillas que son reutilizados y modificados a la necesidad de la organización.

- **Especificaciones y modelos de requisitos**: Los modelos y especificaciones de clases y objetos de la nueva tecnología son candidatos para la reutilización. Modelos de análisis de la nueva tecnología enfocado a la Ingeniería del Software.

- **Diseños**: Diseños arquitectónicos, de datos, de interfaz y de procedimientos desarrollados en la nueva tecnología.

- **Código fuentes**: Consideremos lo descrito en el capítulo 4.3.1 de unidades de tamaños.

- **Documentación del usuario y técnica**: Uso de la documentación de la nueva tecnología se debe adicionar o modificar los cambios que han surgido en el ciclo de vida dentro de la organización. Institucionalizar o adquirir la nueva forma de documentar.

- **Interfaces Humanas**: Uso del GUI (del inglés "Graphical User Interface") de la nueva y la actual tecnología en los sistemas.

- **Datos:** Uso de las estructuras de archivos, datos, archivos, listas o toda la base de datos y las políticas de la nueva tecnología.

- **Casos de pruebas**: Siempre al utilizar un candidato de reutilización de la nueva tecnología, el caso de prueba es relevante. Implica una aplicación práctica y visible del cambio.

4.4. Comunicación de la nueva tecnología

La comunicación es una característica fundamental en los procesos, desde el punto de vista de gestión hasta la parte de proceso de producción. Los procesos de gestión se basan en la organización de la comunicación eficiente entre el recurso humano en el manejo de la información, las actividades y los objetivos que se deben desplegar en toda la organización o en los equipos de desarrollo del proyecto. En este subcapítulo estudiaremos, en el aspecto de producción, como una tecnología que está involucrada en todos los procesos que afecta la interconexión entre dos o más subsistemas o entes.

Las telecomunicaciones son parte del estudio en una área de la ingeniería que va a la par con el área computacional. Desde los principios de transferencias de datos hasta nuestro día que involucra el manejo de transmisión de data, voz e imagen, han alcanzado un avance significativo y de madurez que permite a los desarrolladores de software verlo de otra perspectiva. El uso de las conexiones vía satelital ayuda en la reducción de costos y acceso a todos los lugares del mundo cosa que en la tecnología de antes no se permitía a nivel computacional (por cableado). Un ejemplo típico de reutilización de los recursos en las redes físicas, la utilización de transmisión de información vía telefónica y la infraestructura instalada de hace años con tecnología analógica donde es reutilizado en la tecnología digital.

Replantea la reutilización de los recursos implantados de una forma eficiente. La Ingeniería del Software plantea los enfoques de utilización de esta tecnología, desde el punto de vista que el desarrollador no advierte el uso de las telecomunicaciones en sus proyectos como una incapacidad en los proyectos. Este punto de vista para la Ingeniería de Software lo identifica como un componente más para su uso.

Las nuevas tecnologías en esta área se plantean varios puntos de vistas de mantener viejas estructuras y reutilizarlas con las nuevas tendencias de comunicación. Un punto de estudio de esta nueva tendencia es el uso de datos, imagen y voz, usando infraestructura analógicas de años anteriores, este trabajo se centra en tecnología de eficiencia de uso del recurso de señales analógicas en la transmisión de esta información; algoritmo más eficiente en el recurso y modelos de comunicación.

El otro punto de estudio es la transmisión en nuevos recursos o nuevas tecnologías de conexión, como señales satelitales y señales de ondas sin el uso de cables o usar materiales más eficientes que los cables de transmisión actuales.

La reutilización de conexiones es una de las partes que debemos evaluar en este trabajo, se enfoca en dos caminos: en la reutilización de una arquitectura existente y la reutilización de una nueva tecnología en la actual, como se enfoca en el subcapítulo 4.3 "reusabilidad de las nuevas tecnologías".

En la reutilización de una arquitectura existente tenemos como el caso del protocolo de comunicación SNA (Systems Network Architecture) desarrollado en 1970 por IBM. Esta es una conexión punto a punto en su concepción (APPN, Advanced Peer To Peer Networking), es decir, es un enlace que físicamente va desde un computador a otro, esta filosofía de conexión es obligatoria en los años anteriores, este protocolo no es enrutable, no permite direccionar en forma dinámica el paquete de envío o de recepción, esta arquitectura era y es una tecnología completa en comunicación para su época.

El avance de esta tecnología tuvo la necesidad de adaptarse al uso de otros tipos de acceso al medio como canales mainframe como SDLC (Synchronous Data Link Control), X.25, Token Ring, etc. El SDLC se utiliza para la interconexión de controladores de comunicación y controladores de establecimiento. X.25 se utiliza en redes WAN para la interconexión de nodos SNA.

IBM dispone de la posibilidad de usar otros estándares, como Ethernet (IEEE802.3), FDDI o Retransmisión de tramas o paquetes (Frame Relay), entre otros (Sánchez-López, pág. 160-162). El uso de la red digital permite el uso de la WAN y LAN para este tipo de protocolo, como TCP/IP, estos protocolos tienen que ser enrutables. Ambos protocolos (X.25 y TCP/IP), puede convivir junto, como otros diversos protocolos para manejar en forma eficiente el mismo recurso de la red. Las primeras versiones de SNA, al tener una falla de conexión de punto a punto, la comunicación muere entre los dos equipos. Al usar el protocolo X.25 con tecnología Ethernet, donde permite que físicamente exista una falla en la conexión, este se reconfigura para conseguir otra vía física en la conexión y reparar la falla en forma paralela, sin perder la disponibilidad de la comunicación entre los dos equipos. El mantenimiento del SNA en ciertas organizaciones es obligatorio, por sus programas que es imposible de adquirir con las nuevas tecnologías o el impacto es grande al cambiar sus programas. Esto obliga que las organizaciones actualicen sus plataformas de comunicación con el protocolo hacia TCP/IP (u otras nuevas tecnologías que lo soporten) y no sus programas, colocando en los datos bajo TCP/IP, el formato de SNA y los datos de los programas, es decir, encapsula la información de SNA en el protocolo de TCP/IP. Para la organización es adquirir equipos y software para el manejo de SNA con TCP/IP para que los programas no sean modificados.

La otra área de estudio en las telecomunicaciones es la utilización de la infraestructura telefónica en el manejo de imágenes, voz y datos. La mayoría de la plataforma telefónica está construida bajo tecnología analógica. Con el uso de las tecnologías digitales actuales y la necesidad de reutilizar la tecnología analógica que se investiga de forma constante sobre el uso eficiente de este recurso, paralelamente el ingreso de tecnología digital en el área telefónica y el uso de ambos, abarcan extensas áreas de estudios en las telecomunicaciones. Del mismo modo, el uso de la tecnología digital en la simulación de la tecnología analógica para el mantenimiento de comunicaciones anteriores, que muchas organizaciones todavía mantienen, es decir, el uso de la tecnología digital para el mantenimiento de las redes analógicas y sus equipos terminales.

El aporte de la Ingeniería del Software es fundamental, en el manejo de la administración de las conexiones vía software, las transformaciones de señales digitales analógicas por programas digitales, la parte de gestión en forma automatizada, ha tomado peso en el uso eficiente del software en esta tecnología. Otro punto es la transparencia del uso del medio de comunicación en el sentido que la utilización del medio de transporte de paquetes sea para los desarrolladores de software independiente en el uso de estos componentes, esto es debido al uso de los estándares del modelo ISO de las sietes diferentes capas de protocolo de comunicación.

Se detallan diferentes protocolos de comunicación hoy en día, como XML, SOAP, http, https, etc. y abren más protocolos que no son familiares para el desarrollador, más lo que se están desarrollando como nueva tecnología. La mayoría de este tipo de protocolo se maneja a nivel de capa de aplicación. Su base, se comunica con TCP/IP como medio de transporte. Es importante tener en cuenta el uso de TCP/IP en la tecnología actual y en las nuevas tecnologías (ver más detalle "Redes informáticas: Protocolos de comunicación, protocolo de aplicación y Software" [Redes 2019] para convivencia de los diferentes protocolos de comunicación).

El desarrollador al manejar las nuevas tecnologías en comunicación, tiende a disminuir su complejidad a nivel de abstracciones de programación como por ejemplo, el uso de librerías públicas de la tecnología para realizar conexiones

TCP/IP. Caso específico es el uso de estas librerías de comunicación de TCP/IP en el laboratorio de la universidad en las asignaturas de carrera de informática, aunque los estudiantes no tienen las habilidades y los conocimientos de comunicación en este caso de TCP/IP, el uso de esta librería, enfocado como un componente de uso en el proyecto y práctica de manejo y desarrollo de software, ha tenido gran éxito en los talleres de diferentes asignaturas; por un lado, demuestra el fácil uso de esta tecnología sin conocimiento previo de comunicación (uso de una nueva tecnología como caja negra), e incorporación de esta tecnología en los proyectos sin gran impacto. Esto es un ejemplo típico de utilizar componente nuevo en un proyecto.

Existe el uso de comunicación en forma implícita, como por ejemplos, las conexiones de DCOM, ODBC, OLE DB, y CORBA para el manejo de bases de datos y control de los proyectos. Estas conexiones se basan en el manejo de control y base de datos bajo estándares de manejo por un lenguaje definido por las empresas desarrolladoras de tecnologías. Aún teniendo diversidad de bases de datos como MS SQL, ORACLE, DB2, SYBASE, etc., en el mercado tecnológico, todas trabajan bajo la misma filosofía de comunicación y de aplicación. Existe el lenguaje PL/SQL (Procedural Lenguage / Structured Query Lenguage) que es un lenguaje flexible utilizado para acceder y manipular Base de datos relacionales (Urman, S. 2002, pág. 3-6) que admite estándares ANSI (American National Standards Institute). En esta tecnología en la parte de comunicación, permite conexiones transparentes a otros equipos o servidores de base de datos sin que el desarrollador sepa el tipo de conexiones y protocolos de comunicaciones existentes, sea por la misma filosofía de la tecnología o seguir un estándar para la conexión con otras tecnologías. El desarrollador maneja las bases de datos e implícitamente maneja la parte de redes de comunicación.

Existen conexiones que no son tan directas o fácil de realizar, debido a la incompatibilidad de tecnologías, en este caso los especialistas en comunicación y en cada tecnología utiliza el concepto de Middleware, que es un software que administra, comunica y que intercambia datos, que se sitúa a la mitad de los diversos componentes. Todo lo descrito en la comunicación implícita en el párrafo anterior es un Middleware o conjunto de Middleware, que es ofrecido por la nueva tecnología. En el caso que no existe el Middleware que facilita la comunicación entre las tecnologías, la nueva tecnología debe permitir desarrollar este software. Existen diversos casos del uso de Middleware en todas las tecnologías actuales, pero para el desarrollo y uso de este software, se justifica en los casos de sistemas heredados (Sommerville, I., 2002, pág. 581-598).

En resumen, los casos que los programadores realizan las comunicaciones directas (utilizando las librerías de conexión) o indirectas (OLE DB, ODBC, CORBA, etc.), los manejan como componentes que se integran en sus proyectos. En caso contrario, hay que desarrollar las conexiones con la nueva tecnología. Adicionalmente, esta tecnología debe tener la facilidad de desarrollar estas conexiones. En el caso de Internet, el manejo de comunicación se reduce en el manejo de la capa de aplicación, al desarrollar aplicaciones y componentes el programador trabaja con herramienta de desarrollo y son aplicaciones y software de la tecnología, que permiten realizar conexiones a bases de datos o a los equipos, sin tener conocimiento de las conexiones internas o las capas bajas de comunicación.

4.5. Entornos de desarrollo en la nueva tecnología

Los "entornos de desarrollo" (EDD) en la nueva tecnología son soportes de las actividades humanas en el desarrollo del ciclo de vida del software. El EDD es un conjunto de herramientas que permite el soporte a estas actividades. Un EDD maneja las siguientes informaciones:

a) El software en desarrollo de nuevos proyectos o mantenimiento: colocar las nuevas tecnologías significa incluir nuevos componentes, nuevas especificaciones técnicas o nuevos códigos fuentes de la nueva tecnología, dependiendo del nivel del ciclo de vida del software.

b) Los recursos del proyecto: dependiendo del nivel de desarrollo del software se replantean los costos o se considera en el desarrollo del software en la inclusión de partida para la nueva tecnología.

c) Los aspectos organizacionales: se debe medir el nivel de impacto de cambio y de riesgos de la nueva tecnología.

La aplicabilidad de las nuevas tecnologías conlleva en descubrir en los procesos actuales, la automatización de procesos no cubiertos por la tecnología actual, el redefinir en forma más eficiente los procesos automatizados, llevar un proceso de control de calidad, los procesos de verificación y validación, el minimizar los riesgos e impacto, y la evaluación de los costos.

En esta labor se debe cuidar los aspectos de integración de herramientas y la orientación de procesos de la nueva tecnología.

4.6. Mantenimiento del Software utilizando la nueva tecnología

Hay cuatros tipos de mantenimientos basados en ISO 12207 y 14764:

- Corregir el problema detectado (Correctivo): se presentan errores que no son detectados en las pruebas y en el control de calidad del software. Generalmente, las correcciones son realizadas en la misma tecnología en que fue desarrollada el software. Si se presenta la situación que el software no posee solución, se debe estudiar las nuevas tecnologías que tenga la capacidad de solucionar el problema. Si existen las dos opciones (solución con la actual y la nueva tecnología), es un punto de evaluación entre ambas tecnologías y medir el menor esfuerzo, riesgo e impacto del cambio.

- Mejorar la funcionalidad, o el rendimiento, el mantenimiento u otros atributos del software (Perfectivo): el mejoramiento de la funcionalidad, el rendimiento u otras condiciones que dependerá de gran modo de las características de la nueva tecnología y que la actual no la posea. En caso contrario, no vale la pena el cambio de tecnología.

- Reutilizar en un entorno nuevo o cambiante (Adaptativo): el realizar cambios puntuales a la nueva tecnología, permite a la larga el cambio total del software y de forma gradual para que no sea traumático. El cambio de tecnología permite otra visión del entorno del software, en donde si es factible y funciona correctamente, se alarga más el ciclo de vida del software.

- Detectar y corregir errores latentes en el software antes de que se conviertan en fallos reales

(Preventivo): cambios en puntos críticos (estructural) del software, permite corregir a largo y mediano plazo errores latentes. Permite enfocar en el futuro el uso de la nueva tecnología para corregir fallas reales actuales y requerimientos que la tecnología actual no lo soporte.

4.6.1. Actividades y tareas usando la nueva tecnología

La ejecución de estas actividades y tareas están enfocadas en introducir la nueva tecnología en la fase de mantenimiento en el ciclo de vida del software. El trabajo está basado en los resultados del estudio e implementación en la "Reusabilidad de la nueva tecnología" (subcapítulo 4.3), el objetivo es identificar el tamaño del cambio y los componentes que se van a reutilizar con la nueva tecnología. El tamaño de la unidad a cambiar está indicado en la "Reusabilidad por unidad de tamaño de las nuevas tecnologías" (subcapítulo 4.3.1) es importante, pues, gran parte de los cambios en los mantenimientos están en las funciones y componentes (códigos fuentes), y muy poco caso están en el cambio completo del sistema. De alguna forma, el estudio del nivel de impacto se mide proporcional al tamaño del cambio. Por otro lado, el impacto y riesgo se debe medir con los artefactos reutilizables indicado en el subcapítulo 4.3.2, el de mayor impacto y riesgos es el cambio a nivel de arquitectura, de modelos de requisitos y de diseños, y es menor en las modificaciones de los códigos fuentes.

Todos los artefactos de reutilización impactan en gran medida con el uso de la nueva tecnología. El ambiente de desarrollo y de la investigación de la nueva tecnología se debe tratar de forma aislada al ambiente actual de producción (plataforma tecnológica que funciona y opera actualmente en la empresa o institución). No debe haber ninguna comunicación entre ambos ambientes. El impacto o riesgo es menor cuando ocurra un error o un problema técnico y no afecte la operatividad normal de los sistemas actuales. Cuando se evalúa e investiga en ambas arquitecturas, se realizan conexiones entre ellas que puedan colapsar o integrar con las piezas actuales reutilizables, generando diferentes tipos de comportamientos que afecte a la empresa. Para evitar el impacto en las pruebas y en la investigación, la nueva tecnología debe permitir áreas de trabajo separadas a los actuales sistemas, realizar una copia o imagen de los sistemas actuales e integrarla a los cambios.

Si evaluamos la complejidad de la nueva tecnología debemos estudiar su arquitectura (subcapítulo 4.2), en este estudio se debe analizar las ventajas y las desventajas que ofrecen con la nueva tecnología; validar las desventajas porque se pueden subsanarlas con ciertos mecanismos creados por ella misma, o dependiendo del nivel de maduración permita trabajar con otras tecnologías. Esto se debe a que las tecnologías mejoran de la misma forma que el software mejora con su uso y se realizan modificaciones perfectivos. Adicionalmente, es importante el estudio de la arquitectura de la tecnología actual, donde se aplica el mismo concepto de mejoramiento, las empresas o las instituciones de estas tecnologías (nuevas y actuales) desarrollan versiones actualizadas donde vienen estos cambios. Evaluar el ingreso de una nueva tecnología, implica evaluar a la implantada en la organización, debido a que puede suceder que ambas tecnologías en sus últimas versiones estén en el mismo estado, lo cual, se evalúa el costo y el riesgo de la adquisición de la nueva tecnología y la nueva versión de la actual.

Tomando en consideración los puntos anteriores, el mantenimiento con el uso de la nueva tecnología se debe realizar con prototipo (si es factible y que sea corto en el tiempo) para cambios menores (nivel de funciones o componentes). Nos basamos en el uso de prototipo que describe y aconseja Pressman (Pressman 1998, pág. 24) para las pruebas de interfaces al usuario. En la nueva tecnología, también se debe realizar a nivel de integración, estos se encuentran definidos para las diferentes pruebas de conceptos como: prototipo de datos, prototipo de desarrollo a baja escala, prototipo de control, prototipo de procesos, prototipo del marco de trabajo. La evaluación de todas las pruebas de concepto se deben generar un nivel macro de tareas y de actividades que engloban los resultados obtenidos, permitiendo repetir la misma actividad, e involucrar las actividades de integración. En este sentido se aplica el concepto del modelo incremental, basándose en los prototipos refinados (lo recomendable es no usar los prototipos de pruebas anteriores, sino a nivel de refinamiento en el resultado de la evaluación). Estas actividades y tareas deben estar alineadas con el proceso de gestión de mantenimiento.

Para la realización de estos prototipos hay que tener el alcance de la nueva tecnología, para esto existe en el mercado versiones de evaluación que tiene cierto periodo de tiempo, el uso de estas versiones es recomendable en todos los casos. El tener un ambiente separada para las pruebas, no hacer cambios y tener respaldo de la tecnología actual. De esta forma tiene el mecanismo de evaluar ambas tecnologías de forma separada y aislada. Por otro lado, se tiene el mecanismo de restablecer el ambiente original sin impacto ni riesgo para el ambiente de prueba.

En el caso de no tener el alcance o que al implementar la nueva tecnología a gran escala o de gran tamaño, existe forma de evaluar ambas tecnologías conceptualmente, existe en el mercado información de caso de uso en otras organizaciones, resultados y tendencias de esta tecnología. Se desarrollan las pruebas de conceptos como los casos de pruebas, si es de gran tamaño. Desde otra óptica, si el tamaño y la complejidad de la prueba de la nueva tecnología posee gran trabajo, es el límite de considerar como un modelo de desarrollo de software o como un proyecto nuevo, tomando en consideración el concepto de la reutilización en la tecnología actual y no en la nueva tecnología. Para esto se desarrollan los siguientes subcapítulos.

4.7. Desarrollo del nuevo Software utilizando la nueva tecnología

El enfoque de este subcapítulo se desarrolla en el proceso de producción de un nuevo software con una nueva tecnología. El modelo a escoger en el desarrollo depende mucho de la característica de las variables de incertidumbre en el proyecto. El trabajo de la Ingeniería del software es minimizar este impacto y producir menos riesgos. En la práctica es buscar de disminuir todas las variables de incertidumbres a la mínima expresión y tomar alternativas y controles para el manejo de estas variables. El estudio se centrará en desarrollar un software con una variable de incertidumbre adicional que es la nueva tecnología.

Las actividades son parecidas al mantenimiento del software pero aplicado en todo el ciclo de vida del software, es decir, el desarrollo normal de un software con el trabajo adicional de estar pendiente de la nueva tecnología. En este caso nos enfocamos en las actividades y tareas definidas con el Modelo CMMI en el desarrollo del software. El uso de la nueva tecnología no se menciona en este modelo debido a que son actividades y tareas generales para todo tipo de proyecto con y sin el uso de nueva tecnología. La selección del modelo CMMI en este libro es por ser la más completa en el desarrollo de software, modelo enfocado para los grandes proyectos informáticos por su magnitud y complejidad de desarrollo. La aplicación de estas actividades y tareas descritas en este texto se pueden aplicar a todos los modelos de desarrollo de software cuando se desea trabajar con la nueva tecnología.

En este libro se selecciona las actividades y las tareas del CMMI en los puntos de desarrollo del software que utilizan los conceptos de la Ingeniería del Software, estos contienen la gestión de procesos, la gestión de proyectos, el soporte y área de Ingeniería de proceso.

4.7.1. Ingeniería utilizando la nueva tecnología

Las tareas y actividades que involucra la "Ingeniería" en el modelo CMMI donde están identificadas las áreas de los procesos que se deben cumplir y realizar las observaciones en el uso de la nueva tecnología, y son:

- **Gestión de requerimientos**: el estudio de los requerimientos para el proyecto y los componentes del producto. Se estudian los componentes de la nueva tecnología y de la arquitectura de ésta (subcapítulo 4.2). Las actividades abarcan en determinar los requerimientos del software y las funcionalidades de los nuevos componentes donde ambas coincidan. Se definen las ventajas y las desventajas reales dependiendo del modelo de la tecnología. Identificar inconsistencia entre el proyecto y los requerimientos.

- **Desarrollo de requerimientos**: Se aplica lo indicado en el desarrollo, las recomendaciones y los requisitos del producto, en los componentes de interfaces y en donde cubren los requerimientos del software con la nueva tecnología, de los cuales deben estar identificado y de forma conceptual los diferentes escenarios tanto en el proyecto y en la arquitectura. Establece la funcionalidad con los componentes. Analizar y validar el requerimiento. Por ejemplo: La validación puede identificar que los componentes de interfaces y de base de datos trabajen correctamente, tanto individualmente como en su conjunto, debido a que se puede complicar al juntar los dos componentes.

- **Solución técnica**: Se diseña producto-componente con la nueva tecnología. Desarrollo detallado de

105

soluciones de las alternativas y selección de soluciones Productos-Componentes en el ambiente. Debe estar bien definida la arquitectura y la partición estructural de esta. Identificar bien los componentes o fuentes de reúsos. La compatibilidad de las nuevas versiones en el futuro. El método de codificar de la nueva tecnología está identificado (programación estructurada, programación Orientada a Objeto, diseño de patrones, generación de código en forma automática, ensamblaje, etc.).

- **Integración del Producto**: Se evalúa en la práctica la integración y el ensamblaje de los componentes de la tecnología y que tan rápido se culmina. Mide la complejidad de uso de la nueva tecnología. Se evalúan las interfaces de comunicación entre los componentes y su cohesión. Se detalla el método de entrega y empaquetado del producto o del componente.

- **Verificación**: Selección de los componentes de la nueva tecnología que cumplan con los requisitos de los requerimientos del software y los requerimientos técnicos. Se prueba por diferentes caminos: prueba de estrés, carga y capacidad; pruebas basadas en tablas de decisión; prueba de descomposición funcional; prueba de reúso; prueba de aceptación, etc.

- **Validación**: Demuestra que la nueva tecnología funciona en el ambiente que refleje los requisitos especificados tanto de las necesidades técnicas como organizacional.

4.7.2. Soporte utilizando la nueva tecnología

En este capítulo se basa en las tareas y las actividades de "Soporte" del CMMI donde se indica en cada área las observaciones en la nueva tecnología:

- **Gestión de configuración**: prueba de la integridad de configuración bajo la nueva tecnología. Por ejemplo: prueba de módulos y códigos, compiladores.

- **Proceso y garantía de la calidad del producto**: personal y gerencia bajo la nueva tecnología.

- **Medición y análisis**: facilidad y riqueza de las nuevas herramientas que permitan a la gerencia recolectar y analizar los resultados.

- **Análisis de decisión y resolución**: nuevas herramientas para la evaluación del problema y presentación de alternativas de soluciones.

- **Ambiente organizacional para la Integración**: nuevas herramientas de distribución de información.

- **Análisis causal y resolución**: herramientas de ayuda de solución de errores, y captura de defectos de la nueva tecnología.

4.8. Prototipos

Se ha nombrado los prototipos en algunas actividades y tareas en los métodos de desarrollo y mantenimiento cuando se usa la nueva tecnología. Sommerville (Sommerville, I. 2002, pág. 171-174) describen en las actividades de los procesos con el apoyo de la ingeniería para la obtención y validación de los requerimientos. Se derivan varias ventajas el uso de los prototipos como:

1) Demostrar las funciones del sistema donde se identifican las discrepancias entre los desarrolladores y usuarios.

2) El desarrollador puede encontrar requerimientos inconsistentes y/o incompletos.

3) Dispone rápidamente de un sistema que funciona y demuestra la factibilidad y usabilidad de la aplicación.

4) Ayuda a escribir las especificaciones de producción de un sistema de calidad.

En el caso de la nueva tecnología, el uso de prototipo tiene las ventajas descritas anteriormente, pero posee otras adicionales como:

1) Demostrar las discrepancias y semejanzas entre la tecnología de la organización y la nueva tecnología.

2) Demuestra la completitud o no de la nueva tecnología con los requerimientos de la organización.

3)   Demuestra una funcionalidad rápida de la nueva tecnología. Permite también evaluar el nivel de rapidez de desarrollo y compararlo con la actual.

4)   Determinar las vías para el proceso de calidad de esta tecnología.

En la construcción de prototipos se diferencia por dos objetivos según Sommerville (Sommerville, I. 2002, pág. 174-180): construcción de prototipos desechables y prototipos evolutivos.

1) Prototipos desechables: el objetivo es validar y derivar los requerimientos del sistema.

2) Prototipos evolutivos: se entrega a usuarios finales en un sistema funcional.

El último tipo de prototipo está en contradicción de las recomendaciones de Pressman (Pressman 1998, pág. 24-25), donde determina que todos los prototipos se deben desechar para evitar llevar los errores al sistema final.

Esta discrepancia se debe llegar a un acuerdo en la práctica, donde se propone la definición de ambos prototipos, pero con limitaciones en los prototipos evolutivos. Estas acotaciones se apoyan en la misma práctica de la Ingeniería del Software. Existen varios problemas de desarrollo de los prototipos evolutivos como menciona Sommerville (Sommerville, I., 2002, pág. 177) en que este desarrollo tiene un problema de administración, mantenimiento y relación contractual; que los vemos cada caso más adelante.

El problema de administración que plantea Sommerville es que al crear prototipos evolutivos y desarrollar cambios en un sistema grande, se generan gran cantidad de documentación y con el desarrollo rápido que usa herramientas no tan familiares. Para el caso nos basamos en el punto M de equilibrio de modularidad propuesta por Pressman (Pressman 1998, pág. 233-235), donde la cantidad de módulos deben estar acorde al esfuerzo de interconexión de los módulos, por otro lado, el tener un prototipo con gran cantidad de código no es lo aconsejables. La conclusión, este trabajo propone que el prototipo evolutivo es válido cuando tenga un tamaño esperado de código y funcionalidad limitada, que permita el fácil control y mantenimiento, se propone como un prototipo de un solo componente. Todos los prototipos con el objetivo de familiarizar con las herramientas se desechan y se reutiliza la experiencia. Cuando los prototipos al crecer se deben generar otro con funcionalidad diferente (partición de funcionalidad) y como otro componente, crear un tercero que controle a las dos anteriores. En vista del sistema, el componente de mayor importancia es el de mayor jerarquía de los tres con la función de control. Si el número de componentes crece de forma que es imposible de mantener, este conjunto de componentes se convierta en un subsistema y no como módulos del sistema actual, respetando el nivel de acoplamiento bajo con alta cohesión (por esta razón se debe convertir el prototipo a un componente). Al ser un prototipo evolutivo y al ser utilizado en el sistema final, debe tener este un nivel de cohesión alta y acoplamiento bajo, para controlar los errores y no propagarlo al sistema completo.

El problema de mantenimiento que plantea Sommerville que los cambios continuos tienden a corromper la estructura que nadie, además de los desarrolladores originales, puede entenderla. La tecnología se vuelve obsoleta por el desarrollo rápido de prototipo. Se propone en este trabajo, que el prototipo actual no se realicen los nuevos cambios, de alguna forma este cumple un requerimiento anterior y está funcionando; si el prototipo es modular y cambia completamente, la mejor decisión es no utilizar la actual y construir uno nuevo con la nueva tecnología; si cambia ciertas particularidades del requerimiento, el componente debe mantenerse, y se debe desarrollar nuevos componentes o prototipos con la nueva tecnología con la reutilización del componente anterior (y se tiene un respaldo del trabajo original).

El problema contractual según Sommerville basado en las especificaciones del sistema entre el desarrollador y el usuario, al no existir estas especificaciones bien definida debilita el funcionamiento del sistema y puede sobrepasar el presupuesto. Los desarrolladores no aceptan un contrato con precio fijo y no pueden controlar los cambios requeridos. En la propuesta de este trabajo, está basado en los casos anteriores, no cambiar en lo que está hecho o que funcione, los nuevos requerimientos se desarrollan en un prototipo evolutivo o desechable, el resultado de esta si es satisfactorio, es candidato a un prototipo evolutivo u otro componente al sistema. Esta forma se tiene dos versiones con una funcionalidad definida y probada en el pasado; y la otra versión con la nueva funcionalidad.

El prototipo se basa en cualquier componente de la tecnología como lo indicamos en la reusabilidad (subcapítulo 4.3), la arquitectura (subcapítulo 4.2.) y la comunicación (subcapítulo 4.4.) de la nueva tecnología. Una tarea al usar los prototipos son las pruebas de integridad, debido a que dependiendo de la arquitectura, este componente o prototipo afecte al resto del sistema.

5. Modelo principal de los procesos

La gestión y la producción del software en el uso o introducción de la nueva tecnología se definen, principalmente, en el alcance del proyecto tanto a nivel organizacional y en la parte computacional basado en la magnitud y complejidad de ambos. Las actividades y tareas que se involucran en el proceso de gestión y producción se consideran diferentes temas de la Ingeniería del Software como la modularidad, la reutilización, la comunicación, la arquitectura, el uso de lenguaje modelado de procesos, las herramientas de tomas de decisión y el modelo de desarrollo.

La nueva tecnología puede abarcar los procesos de gestión y/o de producción. El proceso de gestión deriva en actividades y tareas que aseguran la calidad del producto, la optimización de procesos, las medidas de contingencia, la gestión de medición y el control, la gestión de configuración, la gestión de desarrollo y el mantenimiento del software. La gestión de producción y mantenimiento del software son afectados directamente por la gestión organizacional y viceversa. En el proceso de producción se ejecutan los planes definidos en las áreas de gestión apoyándose de la Ingeniería del Software.

La nueva tecnología se puede medir, en la parte computacional, estudiando la analogía en la arquitectura de su sistema, evaluando los impactos y los riesgos que pueden producir, conociendo las ventajas y desventajas. La selección de una nueva tecnología del mercado abarca un estudio mayor con nuevos trabajos de investigación.

Los modelos de desarrollos de nuevos software y el mantenimiento de software son desarrollados para dos condiciones y realidades diferentes; desarrollo de software

113

abarca todo el ciclo de vida del software que incluye optimización de procesos organizacionales y en el desarrollo de productos altamente de calidad, aplicado en una organización; mientras que el mantenimiento se enfoca a menor escala.

En ambos modelos y en cualquier modelo de desarrollo de software, el uso de la nueva tecnología impacta e incrementa el riesgo si no se aplican controles y actividades para la disminución de estos. El uso de prototipo permite la disminución de riesgos, pero es un arma de doble filo sino se utiliza correctamente. Cada prototipo debería convertirse en un componente del sistema total, en forma modular de alta cohesión y bajo acoplamiento. Si los cambios de requerimientos o los requerimientos no definidos son muchos, los prototipos son de gran ayuda, intentando evitar cambios a los existentes, sino, desarrollando nuevos prototipos y acoplándolo al sistema. Si existen muchos componentes en los cambios, es punto de hacer partición de las funcionalidades y reorganizar en subsistemas con estos componentes, usando un medio de comunicación de acoplamiento bajo y que no impacte a todo el sistema.

El nivel de acoplamiento y de cohesión de una tecnología influye en el concepto de integración, si la tecnología está bien diseñada, los efectos de errores deben ser controlados por estas, en su concepto base y sus implementaciones, gran parte del trabajo del personal de tecnología de computación debe vigilar, conservar y procesar esta filosofía en todas las etapas de ciclo de vida del proyecto. El personal de tecnología y la organización deben equilibrar la integración de sus productos, está entre realizar un cambio con mínimo esfuerzo y que abarque a todos los componentes de la tecnología, y el manejo y gestión de los errores en disminuir el impacto de los cambios.

Las apariciones de nuevas tecnologías intenta abarcar el desarrollo rápido de Software de calidad y de bajo costo, por medio de desarrollo de nuevos protocolos de aplicación y comunicación entre aplicativo, como herramientas CASE para el análisis y diseño de los productos, y todo un conjunto de componentes que ayuda a controlar y gestionar el proyecto. Pero todas estas tecnologías no valen nada sin las actividades de gestiones de control por parte del personal que lo involucra y sin la aplicación de los conceptos básicos de la Ingeniería del Software.

Conociendo las tecnologías en sus ciencias o bases fundamentales permiten de alguna forma conocer las nuevas tecnologías que provienen de ellas. La arquitectura se mantiene pero con muchas más funcionalidades y aplicaciones en el mercado.

Los diferentes modelos estudiado hasta ahora, está enfocado en el modelo tradicional de desarrollo con la nueva tecnología, que desde el siglo pasado se han manejado entre las empresas que la construyen y la empresa que trabaja y desarrolla sobre ella.

En estos tiempos aparecen nuevas tecnologías que van no solo a las empresas tradicionales de IT (Tecnología de la Información en inglés), su nicho de consumo u objetivo es a la gran masa de la sociedad que no tiene un conocimiento profundo de la tecnología informática. Permite una gama de uso desde las empresas especializadas hasta el individuo sin conocimiento del área. Ejemplo de esta tecnología es la que trabajó Steve Jobs en su inicio, donde su idea era la construcción de computadores personales que sean utilizadas por cualquier persona, inclusive por persona que no conozca la informática, recordando que en esa época lo que usaban los ordenadores eran personas especializadas en el área, otro ejemplo pero en otro ámbito, la idea en su inicio de la empresa Ford es el proveer coches para todo abajo costo, inclusive a persona de pocos recursos.

En estas mismas ideas se pueden plantear y que es un hecho que la tecnología informática sea usada por todo; tenemos ejemplos en nuestros días de tecnologías que está al alcance de todos, como el crear canales de vídeos en Internet, páginas web y blogs que se crean en horas en la Internet, que antes se hablaba de meses de desarrollo.

La diversidad de uso de la tecnología en la sociedad y en la economía, se plantea ahora una diversidad de presentación y uso de las tecnologías informáticas. Al inicio las nuevas tecnologías se presentan tradicionalmente para especialistas de la tecnología de la información, desarrolladores y programadores, acceso solo para los pocos privilegiados que conocen del área. El otro extremo de la presentación de la tecnología es el uso y acceso para toda la sociedad, en mayor caso se presenta en la Internet, que está disponible a nivel mundial. Con esta diversidad de tecnologías se puede clasificar por capas, diversidad de uso y acceso, son los próximos capítulos que se describen en detalle.

Los procesos descritos en el libro se aplican a cualquier tecnología que se describirá en el futuro. Los diversos procesos de gestión de la nueva tecnología se aplican según el número de persona involucrada en el uso de la tecnología, desde la empresa más grande del país hasta una persona que tiene la capacidad y responsabilidad de abarcar todos los roles, autores y perfiles que integran un equipo de desarrollo del proyecto. Por supuesto, las diferentes acciones y tareas de los diferentes modelos tendrán un nivel de escala del tamaño del proyecto y el (los) integrante(s) del equipo de desarrollo, es decir, las actividades de los capítulos anteriores son absorbidas por la misma tecnología cuando se usa, por esta razón, no es obligatorio la ejecución de todas las actividades por el personal del proyecto, pero si es obligatorio toda la ejecución en el proyecto con la ayuda de la tecnología, equilibrando labor entre la tecnología y el personal. La diversidad de presentación de la tecnología es inversamente proporcional al número de personas que integran el equipo de trabajo de desarrollo del software, debido a que las nuevas tecnologías lo permiten.

La tecnología tiene diversidad de clasificación, una de ellas es la rapidez de desarrollo de software, por sus características permiten en poco tiempo y con pocas personas en el equipo de desarrollo tener los resultados; donde cada integrante del equipo es más productivo y eficiente; y no solo ahora, esto ocurre siempre en el uso de la tecnología. No se hace referencia al modelo de desarrollo del software, la tecnología permite este tipo de proyecto con rápidos resultados.

La gestión de los proyectos como se indican en los procesos anteriores, se agiliza o toma otras actividades y tareas dependiendo de la tecnología seleccionada. La relación de la tecnología y la gestión de procesos afectan uno a otro, es la misma moneda vista del otro lado, en la gestión de los procesos y el ciclo de vida del software en cada paso que se da, se ilumina la tecnología a seleccionar y a usar, pero la selección correcta de la tecnología puede variar la gestión del proyecto en las etapas seguidas de la implementación inclusive.

Sección III
Las capas de las tecnologías

6. Las capas de las tecnologías

La clasificación de las "tecnologías informáticas" no existe formalmente, pero existen diferentes tipos de clasificación de la "tecnología" que varían según su naturaleza o sus funciones, entre ella está la tecnología informática. No se desea clasificar las tecnologías informáticas en este libro porque trae como consecuencia lo sucedido en la clasificación del software en la Ingeniería del Software, existirán diversidades de clasificaciones en el futuro, por lo tanto, en este libro desea solo destacar las diferentes presentaciones de la tecnología informática al ser usado en los proyectos; una forma de exponer los diferentes usos de la tecnología. Enumerar y describir las diferentes formas de usar la tecnología se realiza en el punto de vista de quien lo use o lo reciba, por lo tanto, los procesos de gestión al ser estudiado y explicado será más sencillo.

El estudio de cada capa de las tecnologías se basará en los diferentes puntos descritos en los capítulos anteriores, se expondrán modelos de procesos o los procesos con ciertas actividades y tareas que son básicas en el empleo de las nuevas tecnologías. Cada empresa, institución y particular tiene sus procesos definidos en el manejo de las nuevas tecnologías de una manera formal o informal, deben considerar estas actividades y tareas en los procesos. La recomendación de quién inicia este tipo de labor de trabajar con la nueva tecnología y no tiene ningún proceso definido, se base sus modelos de desarrollos con los prototipos, en su inicio permite disminuir el nivel de incertidumbre y en su ciclo de vida del software la mantiene baja porque en sus procesos están diseñados para este caso.

Las capas de las tecnologías se definen desde el creador de la innovación hasta las personas con conocimientos básicos de informática. Cada capa define el uso de la tecnología con niveles de conocimientos y experiencias en el área, las capas bases son nivel experto o creadores de la tecnología y la capa superior o el otro extremo de las capas están los usuarios de la tecnología con poco conocimiento de la informática. Entre los dos extremos existen una gama de capas de manejo de la tecnología.

La clasificación por capa no determina que una tecnología pertenece a una de ella, existen varios casos donde la tecnología está presente en todas las capas, otras tecnologías solo se presentan en una o en varias de las capas, pero no están en todas ellas.

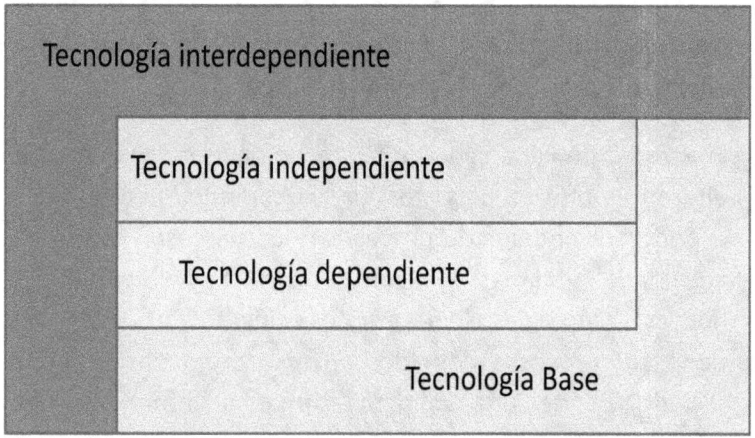

Las capas de la tecnología informática

Las capas de la tecnología informática son:

- **Tecnología base**: creadores de la tecnología.

- **Tecnología dependiente**: se necesita de los recursos que ofrece la tecnología base para operar.

- *Tecnología independiente*: no se necesita otro recurso para usarla.

- *Tecnología interdependiente*: tecnología que integra dos o más tecnologías.

En los siguientes capítulos se describen con más detalles cada una de las capas. Las gestiones y los procesos varían por su naturaleza en cada capa, depende de la tecnología base en definir los procesos de producción y procesos de gestión donde influyen en una o más capas. Hay tecnología que depende de otras, donde se desarrolla con la base generando más funcionalidad y extensión de uso e inclusive producen también innovaciones, su gestión depende de la gestión de la tecnología base, estás son las dependientes. El desarrollo de tecnología que trabaja por si sola y permite ser usada en cualquier contexto del mercado, similar a la tecnología base pero también permite su uso y conviven con otras, son las independientes. Finalmente, las tecnologías inter-independientes que se generan por sí misma en una, integrando con diversas tecnologías.

7. Tecnología base

La tecnología base se crea por un ente (empresa, institución, grupos de personas organizadas, etc.) responsable de su creación; se encarga de proveer, administrar, mantener y distribuir la tecnología. Una tecnología abierta o cerrada que tiene a su alrededor los modelos de desarrollos, mantenimientos y gestión de proyectos, son los modelos más buscados y codiciados por otras empresas del sector, pero a su vez son muy variados. La historia ha demostrado que con cosas sencillas pueden llegar a grandes proyectos. Muchas empresas con pocas inversiones en su área de desarrollo de investigación han desarrollado nuevas tecnologías exitosas. Las grandes empresas en la investigación tecnológica e innovación que invierten 10 o 100 veces más que las exitosas, pero no producen el mismo efecto de las primeras empresas. Se piensa también que es un éxito casual que no tiene inversión en el área de la innovación, inclusive se habla de reutilización de algo creado en un punto de crecimiento de demanda del producto.

Hay que diferenciar entre modelo de gestión del emprendimiento y las empresas de tecnologías. El emprendimiento exitoso en la tecnología se inicia con nuevos conceptos o innovaciones que se aplican en áreas o nichos abandonados que se crearon y generaron una gran demanda; pero la mayoría fracasan, y son pocos que sobreviven con éxitos; solo se conocen las historias de los emprendimientos exitosos y no se hablan de los fracasos.

El emprendimiento exitoso cuando se estabiliza económicamente se convierte en empresa, los dos modelos de gestión son diferentes, el emprendedor y el empresario;

el emprendimiento es la creatividad pura en crear las empresas o los proyectos; el empresario es de buscar mayor ganancia, crecimiento, estabilidad o continuidad de lo creado.

En las nuevas tecnologías se presentan en estos dos frentes: las nuevas tecnologías con nuevas empresas (provienen de los emprendimientos) y las nuevas tecnologías de empresas estables y maduras (años en el sector económico).

El establecimiento de las empresas tecnológicas comienzan los estudios de la gestión de los proyectos y los modelos de gestión que hacen las empresas para mantenerse en el mercado. En este sentido, existe mucha información de los diferentes modelos de desarrollos y gestión de proyectos que se aplican en las grandes empresas tecnológicas que son replicados a otras empresas. En algunos casos, las empresas de tecnologías se separan de sus productos tangibles y de sus fábricas resultados de sus investigaciones (producción) y se convierten en empresas asesores tecnológicas como apéndice de una macro empresa, tomando su modelo de desarrollo y gestión como bandera en los próximos proyectos en otras empresas o en su empresa origen.

La separación del sector de la investigación e innovación de una empresa generalmente se desliga de la parte de producción, es un modelo de crecimiento de la misma empresa; en el otro sentido, se desliga también de "las gestiones organizacionales" que puede afectar el modelo de desarrollo y gestión de nuevos proyectos que se describen en "los procesos de gestión" en el capítulo 3. La nueva tecnología no solo se mide en el caso de los productos tangibles o los modelos de negocios creados por el descubrimiento de la nueva tecnología, la tecnología incluyen también los nuevos modelos de procesos de gestión y modelos de desarrollos en los nuevos proyectos. En cierto punto, la creación de nuevas empresas tecnológicas por sus nuevos modelos de gestión tienden a ser más en el área de emprendimiento que modelo de empresa. Existen ejemplos en el siglo pasado de una empresa que su nicho es la fábrica de coche, adquirió una empresa de consultoría informática para su área de sistemas que se encargó de automatizar todos sus procesos y sus fábricas; a la larga está área se desliga de la fábrica de coche y se convierte en una empresa tecnológica independiente dando su mayor aporte el soporte a la fábrica de coche como su mayor y mejor cliente, y expande sus servicios de asesorías en otras áreas de la economía como el financiero (banca y seguro), fábricas de alimentos y ministerios de varios países.

Las grandes empresas de tecnología han desplazados a otras empresas tradicionales de otro sector del mercado como coche, reloj, zapatos, aerolíneas, etc., que el siglo pasado estaban como líderes de las empresas con mayor índice económico en el mundo. No es una coincidencia del auge de las empresas de las tecnologías informáticas que estén entre los 50 primeros en los diferentes ranking por su modo de expandir sus modelos de negocios como sus tecnologías.

Las empresas de tecnología que se mantienen con el tiempo aplicaron adaptaciones a sus modelos de gestión, la expansión a otros mercados como el incremento en las innovaciones tecnológicas en su dominio del conocimiento y enfocarse en otras áreas de la tecnología. Otras empresas se reinventaron en su misma área de conocimiento, profundizando y generando nuevas necesidades e innovaciones para el mercado. Estas empresas se mantienen todo el tiempo en el proceso de innovación.

7.1. La innovación

La innovación acompaña a la nueva tecnología. Una característica principal de la nueva tecnología es la aplicación de novedades en un nicho o sector de la economía que genera beneficio desde el punto de vista económico; la innovación en la tecnología está marcada o se diferencia de otra época por la existencia de algo que lo distingue. La gestión de la innovación es muy etérea o no tiene una base científica que se pueda crear por modelos y procesos de gestión de forma continua, controlada y desarrollada por la ingeniería. Por esta razón, el modelo de gestión y procesos de desarrollos de software y de tecnología se enfocan en las innovaciones en la gerencia de alto nivel o en la parte organizativa que toque el espíritu de la creación de las empresas, están en la misión y visión de cada una de ella.

La innovación se puede institucionalizar en una empresa donde la labor principal es la creación, la aplicación y el desarrollo de las nuevas tecnologías. En este sentido, el origen de las innovaciones se desconocen, pero el hecho de crearlas se pueden registrar y estudiar en las empresas, por esta razón, la utilización de la estadística como mecanismo de medición de la gestión de la innovación propuesta en ISO/IEC 33000 en nivel 5 de madurez, donde se aplica en todos los procesos de gestión en referencia con la misión, la visión y el negocio. Por lo tanto, el estudio se centra en el análisis del espíritu de la empresa.

7.2. Gestión del conocimiento

Una de las gestiones de vieja data que usan muchas empresas, es la gestión del conocimiento, donde la creación, la captura y el ordenamiento (almacenamiento), el acceso, la distribución y el mecanismo de interpretación del conocimiento dentro de una empresa facilitan la toma de decisiones (páginas 225-228, IS 2019).

El facilitar a una buena toma de decisión permite el mejoramiento de los procesos y la gestión en los proyectos, el nuevo conocimiento adquirido por la empresa se transfieren a la producción y los procesos de gestión que amplían la gama de acción. Transferir la experiencia y el conocimiento en el ámbito tecnológico conlleva a mejorar la calidad del producto y servicio, por lo tanto, la gestión de la calidad considera en sus procesos este tipo de acciones y tareas.

El efecto de la transferencia de conocimiento y experiencia entre los diferentes proyectos fomentan por si misma, la innovación, en el sentido que los éxitos obtenidos en un proyecto con la aplicación en un área específica del dominio del conocimiento, al aplicar en otra área puede generar un gran impacto. La innovación no es solo crear cosas nuevas, también incluye la reutilización en un área diferente al que fue creado donde genere un beneficio, que impacten en los resultados o que marque una diferencia.

La ISO/IEC 25000 permite evaluar la calidad de los productos; y la ISO/IEC 33000 se centra en la calidad de los procesos. La gestión del conocimiento y de la innovación permite en las empresas de tecnología tener control de los registros y mediciones de sus avances en la innovación.

7.3. Gestión de distribución de la nueva tecnología

El ente creador de la nueva tecnología debe decidir tanto a nivel comercial, de negocio e ingeniería en difundir la innovación. El manejo de los proyectos dentro de la empresa es diferente cuando han de distribuir sus tecnologías al mundo. Los diferentes procesos que se manejan dentro de la empresa como: los procesos de gestión y los procesos de producción, cambian de forma radical. El concepto de desarrollo de la nueva tecnología, al ser culminada y entregada al mundo, pasa a los modelos de mantenimientos de la nueva tecnología.

Las mediciones en el desarrollo y en el mantenimiento varían en el número y en la escala, si no han de cambiar sus variables de estudios internos, se adicionan otras variables que son externas a la empresa. Los procesos controlados en un laboratorio en el desarrollo de la tecnología, se agrega ahora, los procesos de masas de la población o en los procesos del sector económico local o mundial. En todo estos procesos también es acompañada por la gestión del conocimiento fuera de la empresa.

La parte de la ingeniería, la nueva tecnología se valida en diversos casos de uso en varios proyectos fuera de la empresa. Se inician los procesos de adaptación a diversas condiciones de usos, mejoras y adición de nuevas funcionalidades y características, arreglos de fallas, etc. La gestión de soporte que cambia de los laboratorios a las calles. Se comienza la gestión de calidad masiva en los diferentes procesos y a gran escala cuando la tecnología es entregada.

La gestión de distribución depende del modelo que la tecnología base seleccione. En esta selección existe diversidad de gestión que dependerá siempre de la misión y objetivo de la empresa. Los modelos de distribución son muy conocidos como:

- Encargado de toda la cadena de distribución.
- Distribución en diversos centros.
- Un solo canal de distribución.

7.3.1. Encargado de toda la cadena de distribución

El encargado de la tecnología se responsabiliza no solo del mantenimiento, también realiza la gestión en entregar la tecnología a los usuarios finales. Se agrega el proceso de asesoría, servicios y soporte en todo el proceso de entrega. Puede utilizar los otros modelos de distribución pero con recursos propios.

La distribución depende también del empaquetado de la tecnología. Como el modelo clásico de empaquetar en caja individual que contenga la tecnología en dispositivos de almacenamiento digital, en esta se agrega la producción literal de la tecnología para el usuario. La otra forma de entrega de la tecnología es en línea por la red de Internet, el modo de un solo canal de distribución (ver los próximos capítulos); o tener distribución con la mezcla de las dos anteriores modalidades que es el esquema de las páginas web de ventas de productos. Los tres modelos de distribución son algunas de muchas que puede haber, todo depende del modelo de la gestión de distribución propia creada por la misma tecnología.

7.3.2. Distribución en diversos centros

El responsable de la tecnología se encarga solo de entregar la tecnología a un número de empresas que se encargarán de entregar a los usuarios finales. La consecuencia de este modelo se gestiona el conocimiento, en el caso de transferir o no las experiencias y la información a estos centros para que sean dependientes o independientes en su gestión de soporte, servicio e ingeniería.

Este esquema de distribución de la tecnología depende de los recursos de otras empresas que tendrán también beneficios como distribuidores. Se genera la competencia entre los distribuidores en usar y promocionar la tecnología.

La gestión de suministro y otros modelos de gestión depende de la negociación de la empresa base con los distribuidores.

7.3.3. Un solo canal de distribución

Un solo ente es el encargado de la distribución de la tecnología, donde puede ser el creador u otra empresa que es seleccionado. La infraestructura de distribución conlleva recursos y capital para este objetivo. Dependiendo de la selección del modelo de distribución y la empresa, las gestiones y los modelos de gestión varían con respectos a la empresa base como el seleccionado, todo dependerá del caso.

La distribución puede ser física como virtual, todo depende del empaquetado de los productos y servicios para ser entregado a los usuarios.

7.4. Diversidad de tecnologías bases

Las tecnologías bases son difíciles de identificar, porque a veces está dentro de las otras capas de la tecnología. Comprende una diversidad de productos y servicios que al ser nombradas se identificarán con una tecnología base. En el área de la informática se tiene:

- Hardware;
- Software;

7.4.1. Tecnología base de hardware

La bandera de la tecnología base se representa en un producto físico informático, existen varios casos como:

- IBM (International Business Machines Corporation): Una de las gigantes tecnológicas conocida por la construcción de la primera computadora con válvulas de vacío. Su tecnología no solo abarca componente y dispositivo informáticos, también abarca en los diferentes modelos de gestión y administración. Influye también en la cultura empresarial a seguir por otras empresas. Actualmente también pertenece a la tecnología base de software (ver más adelante).

- Huawei: gigante asiático inició su fama por los concentradores y los enrutadores de redes físicas (router y switch), donde conectó a gran parte de China. Actualmente está en las primeras empresas de comunicación a nivel mundial, abarca diversos nichos del mercado tecnológico como los teléfonos móviles, computadores, portátiles, tabletas, etc.

- Apple: empresa en diseñar y producir el primer computador con interfaz amigable con el concepto del uso de la computadora para todos los usuarios, y no sólo a los técnicos. Actualmente también pertenece a la tecnología base de software (ver más adelante). También se conoce por dispositivos de reproductor de música y teléfonos móviles inteligentes.

- Intel (acrónimo de **Int**egrated **El**ectronics Corporation): Una de las grandes empresas por sus ventas y su fábrica de procesadores integrados a nivel mundial. Actualmente son utilizados en los microprocesadores de los computadores, los teléfonos inteligentes y las tabletas.

Existen muchas más tecnologías bases que por su hardware se han destacados en el siglo pasado y en el presente; fabricantes de productos como vehículos autónomos, robótica, automatización de procesos y fabricación, etc.

7.4.2. Tecnología base de software

La tecnología base de software está representado en su mayoría de los casos conocidos en los sistemas operativos, existen por sus características que se destacan por sí solas, existen varios casos como:

- Microsoft (acrónimo de **Micro**computer **Soft**ware Corporation): su producto base son los sistemas operativos en computadores personales y servidores (Windows 95 - 98, Windows NT, Windows XP, Windows 7, Windows 8, Windows 2000, Windows Vista, Windows 10, Windows Phone y Mobile, Windows Server, etc.), creando también diversos software y soluciones como Microsoft Office usado en las gestiones empresariales con diversos aplicativos (Word, Excel, Power Point, Publisher, etc.), Microsoft Visual Studio para desarrolladores de aplicaciones y MS Project para gestión de proyectos.

- SaaS (del inglés Software as a Service): es un modelo de distribución y uso de software que los clientes acceden en Internet. Se deduce que la información, los productos, los insumos, o los servicios están en el servidor de la empresa con su modelo de negocio y servicio. En la tecnología interdependiente se dan ejemplos claros de uso de este modelo.

- GNU/Linux: donde GNU es un sistema operativo tipo UNIX con una gran cantidad de aplicaciones informáticas que componen el sistema, es una de las principales banderas del software libre. Linux se refiere al núcleo o kernel, parte importante del sistema operativo. La derivación de esta tecnología en el presente es el sistema operativo Android (ahora de Google), usado en los diferentes dispositivos móviles. La tecnología está presente en los sistemas operativos de servidores, los computadores personales, las tabletas y los teléfonos móviles inteligentes que se usan a nivel mundial.

Revisar todos los software que se encuentran en el mundo y seleccionar los que están incluidos en esta tecnología es un gran trabajo y no se sabe cuándo terminará, por esta razón, el autor selecciona una cantidad muy pequeña para dar una idea de lo inmenso que es este mundo.

Tanto el software y hardware son difíciles separarla y considerarla miembro en esta capa de la tecnología base, también será difícil hacerla con las otras capas que se describirán en el futuro.

7.5. Perfil técnico

En manejo de esta tecnología tanto en la gestión, los modelos de desarrollos y los mantenimientos exigen a un personal altamente especializado y cualificado para las diferentes tareas y actividades que imponen en cada área del dominio del conocimiento. Los ingenieros en estas especializaciones son profesionales de punta con un alto nivel de exigencia. Los profesionales de esta tecnología son los encargados de crear las otras capas de las tecnologías que se describen a continuación.

8. Tecnología dependiente

La tecnología dependiente se apoya de una o varias tecnologías bases para crear una propia, se genera una simbiosis donde se presenta en un nivel de refinamiento en entregar la tecnología al usuario. Se crea una nueva especialización o un nicho que se apoya de la base, una extensión de la funcionalidad o uso que no abarca la tecnología base. En este caso hay una innovación de aplicación en diferentes áreas del conocimiento o en diversos sectores económicos. Los ejemplos de estos casos existen y son muchos como: tecnología creada para la automatización en la gestión comercial y administrativa que luego es utilizada en el sector financiero; tecnología informática creada para ser utilizada en el hogar y luego es usada en las industrias y fábricas de forma exitosa y viceversa.

La mayoría de este modelo de tecnología produce una dependencia directa en el uso de IT (Tecnología de la Información en inglés), la tecnología basada en un modelo de gestión y desarrollo con un propósito, se convierte en otra tecnología por medio de productos y servicios resultantes que cubren otras necesidades generando nuevas demandas de la tecnología base. Este hecho puede crear o modificar nuevos modelos de servicios, de distribución, de mantenimientos y de otras gestiones de la tecnología base para cubrir esta demanda; generando apertura de nuevas áreas de producción e investigación, sea en la sede principal o en la dependiente; por ejemplo, dispositivos electrónicos creados para el sector de la lotería y de juego al azar, se crea otro dispositivo para la publicidad con poca modificación del dispositivo de la lotería debido a la alta demanda (pedido especial) por una gran empresa.

La tecnología base se ramifica en diferentes direcciones tanto en la sociedad y en la economía. Sucede lo mismo con los clientes o los usuarios objetivos, la tecnología creada en la base está definida a cierto sector de la sociedad o de la economía, y con las tecnologías dependientes se generan diversidad de mercados y de usuarios. La capacidad de adaptarse a la amplitud y expansión en diversas tecnologías dependientes, de la gestión, los modelos de gestión y de producción debe ser modificada o permitir que en todos los procesos de cambios se deban considerar por la tecnología dependiente o base. Análogo a las diferencias de las actividades en la gestión de las grandes empresas a las micros y las medianas empresas que tienen diferentes modelos de procesos.

La gestión de la ingeniería de la tecnología base se debe adaptar a la expansión para soportar todos los requerimientos, en este sentido, se revisa y se modifican los siguientes procesos:

- Definición de necesidades de los nuevos usuarios y requisitos del sistema/software.
- Aseguramiento de la calidad.
- Gestión de configuración.
- Definición de la arquitectura.
- Integración.
- Otros.

Los procesos que se deben revisar y definir con mayor importancia en la tecnología base son los procesos de:

- Gestión de portafolios y carteras de proyectos. Definir y actualizar los nuevos usuarios y sector económico que se desea abarcar.
- Gestión del conocimiento para cubrir todas las ramificaciones.
- Replantearse la misión y visión de la empresa si es necesario.

Si la gestión de la tecnología base no asume estos cambios, entonces, la tecnología dependiente se encargará de asumirla. En el caso de las empresas que soportan la tecnología base que son las dependientes, están en constantes cambios en sus procesos y sus modelos de gestión, como en las tomas de decisión. Los cambios surgen cuando existen modificaciones de modelos de gestión y políticas en la tecnología base que pueden afectar la operatividad, la producción y la gestión de los proyectos. Un caso extremo en las empresas de las tecnologías dependientes es de tomar la decisión de cambiar la tecnología base por otra; este tipo de decisión es factible cuando otra tecnología base mantienen toda la infraestructura intacta o con poco impacto en la tecnología dependiente; a cambio de mantenerse con la misma y cambiar todo, incluyendo sus modelos de gestión y producción, con mayor impacto en el cambio interno. Existen muchos ejemplos que confirman estas decisiones, como el cambio de los sistemas operativos donde trabajan soluciones bancarias o de seguros en el siglo pasado, la aparición de los sistemas operativos de Microsoft, algunas empresas cambiaron o ampliaron sus plataformas en los ordenadores o computadores, donde utilizaban las mismas aplicaciones o software pero con otro sistema operativo.

El cambio de una tecnología base por otra es factible en la ingeniería, cuando las tecnologías están estructuradas con el concepto de arquitectura por capa y son compatibles o transportables (ver portabilidad del software [IS 2019]), como el uso de reusabilidad, modularidad, arquitectura y comunicación de la nueva tecnología que se mencionan en los capítulos anteriores del libro, el cambio de una tecnología base a otra tiene poco impacto.

La dependencia de la tecnología base a otra se refleja en la relación y enlace en su modelo de gestión y negocio, y con más peso en la parte de ingeniería que lo soporta, se producen diferentes relaciones a nivel de:

- Hardware.
- Software (aplicaciones y sistemas operativos).
- Servicios.
- Consultoría.
- Outsourcing.
- Otros que derivan un apoyo de la tecnología base.

La tecnología dependiente determina la decisión de continuar la relación con los usuarios finales como en la base. Puede mantener la misma dependencia de servicios y relaciones con el cliente, o permita que sus usuarios sean autosuficientes e independiente de las empresas (base y dependiente), pero los beneficios se reflejen en otro modelo de negocio o económico en la tecnología dependiente, y la tecnología base recibe igual beneficio. El ejemplo es similar a lo sucedido en el siglo pasado, donde algunas de las empresas de tecnologías informáticas no colocaban el sistema operativo y algunas aplicaciones en el costo o en el precio final, debido a que el objetivo principal era vender el equipo físico donde eran instalados, y se centraba en los servicios de post venta del producto donde estaban sus mayores ganancias y beneficios. En la actualidad sucede algo parecido, se presta un servicio sin costo para luego ser recuperado por la adquisición o venta de un producto.

8.5. Clasificación de tecnología dependiente

La diversidad de tecnología que se genera en esta capa es innumerable, la clasificación es sencilla que se describe para entender la extensión que puede abarcar la cantidad de beneficio, produce un empaquetamiento de una nueva tecnología que surge de una o varias bases.

- Básica: las empresas que prestan servicios y generan beneficios a los usuarios de la tecnología de forma directa. Similar a las franquicias, representa la imagen de la tecnología base en lugares específicos o en diferentes países. Los distribuidores exclusivos que prestan servicios como consultorías y asesoramientos, entrenamientos y enseñanzas especializadas, ventas y soportes, etc., donde la distribuidora está presente y sustituye la presencia directa del ente creadora de la tecnología. La distribución no exclusiva se reparte y compite entre dos o más ente para entregar la misma tecnología base. Este modelo es el límite entre la gestión usando sus propios recursos y de los otros descritas en la tecnología base.

- Agregación: la nueva tecnología creada en esta capa se apoya en la base y coloca su producto digital exclusivo en ella. Se entrega y desarrolla otra nueva tecnología junto con la base. Empresas especializadas en un sector económico que genera una tecnología propietaria bajo una tecnología base, en el caso de las diversas aplicaciones financieras que se encuentra en el mercado tecnológico; por ejemplo: IBM posee la tecnología del hardware y los sistemas operativos de las grandes computadoras, donde alrededor de esta tecnología se crearon diversas aplicaciones especializadas usadas en los bancos por diversas empresas tecnológicas; sucede lo mismo con los sistemas operativos en servidores y computadores personales, que sobre estas se crean múltiples aplicaciones en los diferentes sectores de la economía.

- Múltiples: una tecnología que integran diversas tecnologías bases para un objetivo. La tecnología dependiente recurre en su arquitectura a diversos componentes funcionales, en cada uno de los componentes es apoyado por una o varias tecnologías bases; la tecnología dependiente múltiples puede seleccionar el mejor de una o varias tecnologías bases para soportar el componente funcional. El ejemplo, las empresas de telefonías móviles se basan en sus tecnologías de varios componentes electrónicos bases, la infraestructura en redes con diversos cables, antenas, router y switch, etc.; dispositivos como teléfonos móviles, tabletas y computadores portátiles, etc.; que en su conjunto es entregado a sus usuarios; hay casos donde la infraestructura es de otra empresa telefónica y solo se paga el uso de ella. Las aplicaciones y software ocurre las mismas historias, el ejemplo, el sistema operativo Android y Google con las diversas empresas Chinas fabricantes de dispositivos móviles y equipos para infraestructuras de redes informáticas, cuando se inicia la guerra comercial entre EEUU y China en 2020, se empezó a notar la gran dependencia y simbiosis que viven las grandes compañías de tecnología a nivel mundial.

8.6. Perfil técnico

El perfil técnico en el manejo de esta tecnología en la gestión, en los modelos de desarrollos y mantenimientos exige a un personal altamente especializada y cualificada para las diferentes tareas y actividades que imponen en las tecnologías de base. Los ingenieros en estas especializaciones son profesionales de punta con un alto nivel de exigencia y experiencia en la tecnología. La especialización que abarca más allá con la integración de las tecnologías, también pueden desarrollar capas en ella que permitan la independencia de los usuarios en su uso.

En el caso donde la tecnología dependiente se construye otra capa donde el usuario trabaja con una funcionalidad específica, con un objetivo específico, que no dependa los usuarios de un personal con perfiles altamente cualificados en informáticas, la tecnología base es transparente para quién la use, la tecnología se convierte en una tecnología independiente.

9. Tecnología independiente

La tecnología independiente se desarrolla por sí misma y no depende de otra tecnología, o el caso donde la tecnología base es operado de forma transparente por la capa construida sobre ella; generalmente opera en varias tecnologías bases, similar a las aplicaciones que son multi-plataformas. El concepto es aplicable a los usuarios donde selecciona la tecnología adecuada a sus necesidades para poder aplicar y usar por su capacidad y conocimiento. Hay diversos tipos de tecnología independiente donde se aplican diversos perfiles de usuarios como:

- Usuarios expertos de la tecnología: el usuario en este caso está capacitado por los cursos o los entrenamientos para aplicar la tecnología. El fundamento se basa en generar beneficio en la enseñanza o los tutoriales como mínimo. Debido a su complejidad, o a la tecnología que no han desarrollado por completo los mecanismos para facilitar el uso para todos los usuarios.

- Usuarios intermedios: el usuario con este perfil depende de su capacidad de aprendizaje o auto aprendizaje de la tecnología. Perfil de usuario explorador y curioso.

- Usuarios normales: persona promedio sin conocimiento básico de la tecnología y de la informática. La tecnología permite el uso por su interfaz amigable o fácil aplicación.

Todos los niveles de usuarios anteriores son personas sin conocimientos de la informática. El ejemplo es el uso de los teléfonos móviles actuales, donde la tecnología permite interactuar con el usuario sin tener conocimiento en el área de la tecnología, que los niños saben operarla.

La gestión del conocimiento en el manejo de la tecnología está implícita en los productos y servicios ofrecidos. La creación de empresas de asesoramiento para el uso de esta tecnología desaparece o es un nicho que tendrá mucha competencia que depende del diseño de su interfaz para los usuarios.

La mayoría de la tecnología independiente es gratuita a pequeña escala, pero cuando existe un nivel mayor, comienza a ser imperativo el pago de algún costo por su uso. La gestión a nivel económico se centra en medianas y grandes empresas donde entran los beneficios de la tecnología.

A nivel de la ingeniería y la parte técnica es envidiable que la tecnología permite la autogestión de sus procesos de ingeniería, como en el nivel de bajo costo o nulo a baja escala en los proyectos pequeños. La mayoría de la tecnología permite un rápido desarrollo e implementación de sus productos y servicios. En cuestión de horas o días se puede colocar el resultado del trabajo sobre esta tecnología.

Hay muchos ejemplos que se pueden presentar en esta tecnología, un ejemplo es el desarrollo de aplicaciones Web en el siglo pasado, la tecnología usada es la misma descrita en la tecnología base y la dependiente, donde el uso de herramienta de desarrollo como gestión de proyectos era largo en el tiempo, se hablaba de tres a seis meses de desarrollo rápido de una página web de una empresa; en la actualidad se implementa y desarrolla en medio día o en pocas horas si están definidos todos los requerimientos del software. Las implementaciones de las páginas web como variedad de ellas como: blogs, páginas web de presentación de las empresas, web para las ventas y compras de productos, etc., en Internet existen diversidad de opciones para ser elegidos dependiendo del costo, la implementación, la publicación y la disponibilidad de estas.

La gestión y los modelos de desarrollos con estas tecnologías se desvanecen en las pequeñas y medianas empresas, por el tiempo de desarrollo e implementación. Pero el sentido común debe prevalecer, se recomienda ejecutar actividades y tareas básicas de gestión de proyectos y la selección de los modelos de desarrollos adecuados en esta tecnología, generalmente son los prototipos en estos casos.

La disponibilidad y el acceso de la tecnología son las características principales, sin costo son las mejores alternativas disponibles, permite hacer una evaluación previa de la tecnología a seleccionar. Se definen los diferentes puntos que los procesos y los modelos de desarrollos que se describieron anteriormente en el libro para ser cubierto por la tecnología y se deben validar como mínimo:

- La tecnología cubre los requerimientos y arquitectura del software deseado.
- Se puede implementar fácilmente.
- Permite ser configurado en diferentes escenarios.
- Tiene mecanismo de validación y medición.
- Se puede integrar a otra tecnología.
- Mecanismo de mantenimientos disponibles.
- Gestión y control de riesgo.

- Medir la calidad.
- Suministro necesario de la tecnología.

Esta lista entra en el modelo de gestión que debe aplicar tanto los empresarios, los expertos en el área de desarrollo de proyectos y los usuarios que no tienen conocimientos de la informática. Estas últimas personas son las que verán cuesta arriba en la gestión de proyectos en esta tecnología, la recomendación es cubrir lo más que se pueda y conozca con los prototipos y evaluar los resultados, evitando riesgo por supuesto, e ir paso a paso (un poco a la vez de forma modular) con la tecnología.

La infraestructura, la arquitectura y las herramientas están disponibles en la mayoría de las tecnologías, e inclusive algunos sin costos, esto permite realizar las evaluaciones, creación de pruebas y prototipos para definir, concretar e iniciar el proyecto informático. Para llegar más lejos, de todas las actividades permitidas anteriormente, se deriva el estudio, la investigación y el análisis del proyecto tanto a nivel de gestión como construcción del software.

Algunas tecnologías no tienen costos, o poseen ciertas flexibilidades sin costos al inicio para las pruebas, que luego se genera un pago. Otras tecnologías donde las funcionalidades y las características crecen al aumentar el costo o tienen diversos planes. Se evalúa o se gestiona el costo versus el beneficio que se puede generar en el proyecto con su uso. Lo recomendable es investigar y definir los diferentes modelos de usos y las funcionalidades que ofrecen ante de seleccionarla.

El modelo de desarrollo dependerá de las condiciones iniciales del proyecto, lo recomendable al no tener el modelo de desarrollo, iniciar en cada punto descrito anteriormente con un prototipo para validar y verificar la tecnología. Se da prioridad a cada requerimiento del software, y se toma en consideración los más importantes a menos importantes. Se identifican a las tecnologías de mayor a menor grado de importancia cuando hay varias tecnologías que cubren todos los requerimientos del software.

Existen casos que teniendo la máxima flexibilidad y funcionalidad de la tecnología, no permite avanzar más allá. Las funcionalidades de la tecnología se definen como una variedad de plantillas o casos de usos. El mismo mecanismo que permite desarrollar e implementar de forma rápida, sea también una desventaja, donde en el conjunto de casos de usos, ninguno aplique o sirva al proyecto. En este último caso no se elige y se busca otro que lo cubra.

La tecnología tiene una arquitectura que define un conjunto de funcionalidades y atributos, que permite un rápido desarrollo, pero a veces, no es la arquitectura recomendada para el proyecto.

Las funcionalidades son independientes entre ellas, el usuario tiene diversas presentaciones o interfaces de cada componente de la tecnología independiente. Los proyectos informáticos que utilizan esta tecnología deben armar las funcionalidades seleccionadas y conectarlas entre ellas (integración de los componentes). Similar a los juegos de niños de armar piezas, el proyecto se basa en seleccionar los componentes y conectarlas en una aplicación o software para cubrir los nuevos procesos digitales de la empresa o institución. Por ejemplo, se necesita una aplicación para realizar una encuesta a todo público, en este caso se necesita un lugar central donde todo se conecte para completar la encuesta y un lugar de almacenamiento para los datos recolectados; la funcionalidad para completar la encuesta se crea una página web o blog (WordPress, Blogger, Wix, etc.), en un sitio web con un dominio donde ejecute el aplicativo y se acceda por Internet con los navegadores de los diferentes dispositivos (Tablet, teléfono móvil inteligente, computadores, etc.); se define en un espacio digital como Google Drive o los servicios de Amazon donde se coloca la información recolectada en una hoja de cálculo, el formato de la encuesta se realiza con los formularios de los documentos de Google Drive que es una opción de varias que se tienen en Internet, el formulario se le indica almacenar los datos en la hoja de cálculos. Crear el enlace de los documentos de Google Drive (formulario y hoja de cálculo) con HTML (cada componente se crea el código HTML de forma automática en las opciones de administración de documentos, el usuario debe copiar el código y pegarla a Internet) a la página web o blog creado. Crear el medio de publicidad de la encuesta y esperar los datos para realizar el análisis; en este ejemplo, cada componente es independiente en su uso, y en su conjunto se tiene un sistema de encuesta en Internet, el trabajo es de clasificar y seleccionar los componentes a usar e integrar.

9.1. Clasificación de tecnología independiente

La tecnología independiente generalmente se inicia con un sector o un área en específico, luego comienza a desarrollarse en diversas ramas tecnológicas. La clasificación se puede determinar por la homogeneidad de la tecnología o no:

- Homogénea: las ramas engloban diversidad de tecnologías pero tiene un área en común, la mayoría son las tecnologías de informáticas que continúan innovando en áreas especializadas de la funcionalidad inicial, por ejemplo: Google, se inicia como buscador en Internet y crea diversidad de elementos en la nube;

- Heterogénea: las ramas poseen diversidad de tecnologías de diversas áreas, inicia en un área y luego se expande a otro sector de la economía diferente a la inicial, incluyendo la informática, por ejemplo: Sony, inicia como una empresa de ingeniería de telecomunicaciones y actualmente está en los sectores de: electrónica, audio, fotografía, informática, telefonía móvil, vídeo, semiconductores, entretenimientos interactivos y vídeo consolas PlayStation; vehículos eléctricos y baterías, música entretenimientos por cables y televisión, y películas.

9.2. Conociendo un poco a Google

Google una empresa que inicia con un motor de búsqueda de Internet, que en la actualidad cuenta con diversos productos digitales como:

- Buscador web Google: su principal producto.

- Correo electrónico (GMail): creación de cuenta de correo y su administración, donde permite acceder a todos sus otros productos.

- Google Maps: permite la visualización de imágenes de mapas e imágenes satelitales, también permite ver ciertos lugares a nivel del mundo. Se integra en las páginas web por diferentes mecanismos y es utilizado en los navegadores web.

- YouTube: un sitio web para subir y bajar vídeos, permite crear canales de vídeos y la transmisión en directo en este formato, se integra de forma opcional con otras aplicaciones que funcionan en los computadores personales y teléfonos móviles.

- Google Play: sitio web de la tienda en línea de Google, aplicación web que se accede en diferentes dispositivos (móviles, tableta, computadores, etc.), donde adquiere e instala las aplicaciones Android, compras y ventas de libros digitales, ventas de películas y músicas.

- Google noticias: sitio web automatizado de recopilación de noticias que se renueva periódicamente de diferentes fuentes.

- Google Drive: servicio de almacenamiento digital con capacidad de 15 GB gratuito, permite acceder a los diferentes archivos en el sitio web.

- Google Docs: aplicaciones en la web que permite editar archivos de formularios, documentos, presentaciones y hojas de cálculos, soporta archivo PDF.

- Google Calendar: es una agenda web que permite tener diferente calendario: público y privado, tiene recordatorio con aviso SMS.

- Traductor de Google: traduce texto en una gran cantidad de idiomas. Posee reconocimiento de voz con el micrófono que transforma en texto lo que se habla, y la disponibilidad de un altavoz que permite escuchar archivos de textos.

- Google Shopping: un sitio web para comparar precios inscritos en Google LLC.

- Google Libros: sitio web de ventas y compras de libros digitales.

- Google Fotos: sitio digital para almacenaje e intercambio de fotografías y vídeos.

- Blogger: sitio web para crear, publicar y mantener blogs, con el blog publica vídeos, fotografías y texto.

- Hangouts: servicio multiplataforma para mensajería instantánea, vídeos llamadas y vídeos conferencias con el uso de la dirección de correo.

- Google Chrome: software de Google para navegar en Internet.

- Google AdWords: permite adquirir anuncios de costes por clic o coste por impresión correctamente orientados, los anuncios se publican junto a los resultados de búsqueda en Google.

- Google AdSense: es un servicio para administradores y creadores de páginas web y empresa de publicidad en Internet; enlaza los anuncios de publicidad colocada en el sitio web y recibe un pago por cada clic que se realice.

Google tiene otros productos como computadores portátiles (ChromeBook) con sistema operativo Chrome OS (sistema operativo basado en la interfaz web); existen también diversas aplicaciones dentro de los productos digitales que se nombraron anteriormente. La mayoría de los productos están ubicados en la nube, excepto los sistemas operativos (Android, Chrome OS por ejemplo) y el navegador de Internet Chrome que están instalados en los dispositivos que se enlaza en Internet.

10. Tecnología interdependiente

La tecnología interdependiente se apoya en dos o más tecnologías para crear una propia, se producen diferentes ramificaciones con tecnologías independientes, cada tecnología ramificada trabaja por sí sola, pero puede ser integrada o trabajar conjuntamente con otra tecnología u otra ramificación. Como resultado puede generar dependencia tecnológica a la que la utilice, el hecho de hacer integración de dos o más tecnologías en un solo proyecto conlleva a que los perfiles de los usuarios sean un nivel experto o ser asesorado tecnológicamente (cursos, charlas, etc.).

Las ramificaciones pueden tener diferentes modelos de gestión, modelos de negocios, diferentes áreas del dominio de conocimientos, etc., como por ejemplo, una rama de tecnología de redes y la otra en desarrollo de aplicaciones basado en la inteligencia artificial; el combinar el uso de redes y la inteligencia artificial generan otra diversidad de aplicaciones y modelos de gestión de proyectos.

Las ramificaciones, los servicios y los productos son variadas cuando se entregan a los usuarios, cada ramificación puede ser un producto como en la tecnología independiente que posee una función muy específica, por ejemplo como la creación de aplicaciones móviles o creación de páginas web. La ramificación también puede ser un modelo completo de negocio, de producción o de gestión, en el caso de ejemplo esta Amazon con las publicaciones de libros electrónicos y de tapas blandas para los escritores, no sólo es el proceso de la venta de un libro, en el fondo realiza todo el proceso de una editorial en línea, que posee el servicio de creación de las portadas, el área de la impresión de los libros tapas blandas, la distribución, las ventas y la publicación en Internet.

También se presenta la tecnología con ramificaciones con las tecnologías dependientes y de bases que se describieron anteriormente, el ejemplo es el uso de las infraestructuras físicas de la tecnología en la nube, con el concepto de alquiler o costo por el uso; el uso de herramientas de desarrollos de software para conectarse o usar la tecnología; servicio de asesoría y servicios de migraciones a los nuevos sistemas operativos y actualizaciones, este servicios lo realizan las empresas tecnológicas y las consultorías; es decir, las ramificaciones tienen desde un producto con funciones muy específicas hasta el servicio que realiza una empresa de tecnología informática.

Las ramificaciones permiten una variedad de selección y de combinación de tecnologías que el usuario debe contemplar diversos modelos de gestión e integración. La misma tecnología ofrece el servicio de "outsourcing", asesoramiento y consultoría, hardware y software que la tecnología base ofrece pero en cada ramificación, se adiciona el proceso de gestión de unión de las tecnologías.

La tecnología permite soportar una gran infraestructura y de considerable costo en los proyectos que puede abarcar a nivel mundial como local.

El nivel de esta tecnología es trabajo para los arquitectos de software, integradores de tecnología y constructores de soluciones informáticas en la mayoría de las ramificaciones, pero como se indicó anteriormente hay también para todo. La variedad y el conocimiento en la tecnología permite generar con una probabilidad alta de innovación, por lo menos, nuevas soluciones y aplicaciones.

La identificación de esta tecnología está en la combinación de las tecnologías independientes homogéneas con apoyo de personal altamente cualificado en cada sector. La otra característica principal que la tecnología interdependiente que se distingue a la tecnología independiente es el enfoque o para quien es dirigido, en el caso de la interdependencia se enfoca desde el usuario final (fácil uso de la tecnología) hasta las grandes empresas que intentan cubrir todo el espectro de las necesidades informáticas, mientras que la independiente solo cubre a los usuarios finales.

10.1. Describiendo un poco a Amazon

Amazon en su concepto original de venta en línea, se apoya en su gestión para producir un crecimiento que ahora abarca a ser una empresa que ofrece diversidad de productos, servicios e infraestructura a nivel informático. Amazon ofrece AWS (Amazon Web Services) con un conjunto de productos basados en la nube que ayuda a las empresas a crecer con rapidez en la tecnología, reducción de costo a nivel de tecnología de información (TI) y de forma escalar. Las áreas que abarcan en la nube son:

- Análisis
- Integración de aplicaciones
- Realidad aumentada y realidad virtual
- Administración de costo de AWS
- Blockchain
- Aplicaciones empresariales
- Informática
- Contenedores
- Interacción con el cliente
- Base de datos
- Herramientas para desarrolladores
- Informática para usuarios finales
- Game tech
- Internet de las cosas
- Machine learning
- Servicios multimedia
- Administración y dirección
- Migración y transferencia
- Aplicaciones móviles
- Redes
- Tecnología cuántica

- Robótica
- Satélite
- Seguridad
- Almacenamiento

La lista de producto que tiene Amazon ofrece el uso de la infraestructura tecnológica física dispuesta en la nube para desarrollo de nuevas aplicaciones y para el proceso de gestión. La gestión permite el uso del servicio de consultoría y asesoría que ofrece Amazon similar a la tecnología dependiente en cada área; la otra opción, el usuario que tenga el conocimiento respecto al área en específico y hace uso de la infraestructura por un costo, que según el tipo de negociación o contrato, el usuario debe llevar sus expertos tecnológicos. Por ejemplo, Amazon dispone de computadores cuánticos que es compartido en la nube para todos los usuarios que desean usarla, como la infraestructura de red física a nivel mundial, por la localización del usuario depende también de los servicios disponibles.

En el área de gestión posee herramienta para realizar consultas y búsquedas de información, extracción de datos con comando de SQL o reportes definidos en cada producto. También es importante en la administración y mantenimiento de los recursos informáticos de la empresa, ejemplo de la gestión es la actualización de la plataforma tecnológica como migración a nuevos sistemas operativos de las aplicaciones de la empresa, una labor de consultoría y servicio, como de conocimiento tecnológico y logística operacional.

Amazon ofrece también diferentes modelos de negocios y servicios, como ya se mencionó sobre las editoriales en la nube; ofrece en su web diversidad modelos de distribución de productos, desde ofrecer solo las páginas de ventas de productos a nivel mundial y en donde la gestión de empaquetamiento y entrega de los productos se encarguen las mismas fábricas; hasta el servicio de devoluciones, almacenaje, empaquetamiento y entrega de los productos en Amazon.

Sección IV
Usos prácticos de las nuevas tecnologías

11. Quien quiere, puede

Las nuevas tecnologías tienen diferentes matices en el mundo real, existen personas que han alcanzado el éxito en su trabajo con el uso de las nuevas tecnologías sin saber de informática, otras que tienen años trabajando en el área de desarrollo de software y no han tenido éxito con el uso de lo último en tecnología. Hay personas que dedicaron su tiempo en crear nuevas tecnologías, pero el resultado cumple con una ley de estadística, la cual es la proporción de poco éxito y mucho fracaso, la afirmación de estas estadísticas provienen del desarrollo de software en el estudio de la Ingeniería del software.

La profundización de la gestión de la calidad en las grandes empresas desarrolladoras de software por los diversos estándares mundiales como ISO/IEC, promueve la institucionalización de la calidad, mejoramiento continuo del trabajo y de los productos que se desarrollan, y la institucionalidad de la innovación dentro de las empresas. Una manera de trabajar de forma ordenada de dos o más empresas dentro de un proyecto e inclusive para la homologación y la certificación de los modelos de gestión en los contratos dentro de los proyectos, y que aumenta la probabilidad de ser elegido en las licitaciones a nivel mundial.

La mayoría de las empresas que desarrollan software son pequeñas o medianas, con menos de 10 o 25 personas que son candidatas de desarrollo de nuevas tecnologías a nivel mundial. El formalismo de desarrollo y estandarización en los proyectos de tecnología se identifican con el uso de ISO/IEC 29110 para la pequeña y mediana empresa para la certificación de sus procesos. Con la certificación entra en competencia con las grandes empresas tecnológicas en ganar los diferentes contratos de los proyectos informáticos.

La visión de los estándares y los modelos de gestión en su mayoría de sus enfoques están definidos a las empresas grandes, medianas y pequeñas que desarrollan software y tecnología informática.

Las estadísticas de los resultados de los proyectos, el uso de estándares para el desarrollos de software, las certificaciones de ISO/IEC para competir en el sector y el enfoque de calidad para las empresas de tecnologías informáticas, son los cuatros puntos anteriores que dejan fuera del contexto en la gestión y modelos de desarrollos de aplicaciones y software a la gran mayoría de la sociedad, que utilizan las nuevas tecnologías para el consumo propio. Lo más cercanos es la aplicación de ISO/IEC 29110 que funciona a una o más personas en el uso de la tecnología en las pequeñas y medianas empresas. El objetivo de cumplir las normas ISO es para certificarse y ser competitivo entre las empresas desarrolladores de software; y entrega de software de calidad. Pero existe otro colectivo en la sociedad que no compiten, ni necesita tener un trabajo para ganar un contrato de licitación en el área informática. Pero su trabajo del día a día se ve beneficiado por el uso de las nuevas tecnologías y no se aprovecha completamente la potencialidad de estas para crear un producto de calidad.

El proceso de utilizar las nuevas tecnologías es muy intuitivo en los colectivos y los miembros de la sociedad que no tiene conocimiento de la informática. Aparte de la ISO/IEC 29110 no existe una guía para el manejo de la tecnología dentro del sector que no pertenece a la informática. Este estándar permite a las pequeñas y las medianas empresas desarrolladoras de software crear productos de calidad; en este sector es lo más cercanos para las empresas y las instituciones que no manejan la tecnología y se apoye como guía para crear sus propios aplicativos. La visión de utilizar este estándar es para consumo propio y no de certificarse.

El objetivo del libro es ayudar a las personas, las instituciones y las empresas que su trabajo del día a día no es desarrollar software para ser comercializado o para sus ventas, la tarea fundamental es de adaptar las nuevas tecnologías en los procesos y modelos de trabajos, para aligerar o automatizar las tareas pero con un nivel aceptable de calidad; también ayuda como guía para el desarrollo de aplicaciones con la nueva tecnología. Un ejemplo que se vivió con la pandemia, en los colegios, en las instituciones y en las empresas, los ciudadanos que se vieron obligados a usar la tecnología para continuar sus labores. En este sentido, aplicar un modelo de calidad en el desarrollo de software para el consumo interno de la empresa o de la institución, incluyendo a los ciudadanos que se apoyan en la tecnología para sus labores diarias, no están alejados de la realidad, es la misma moneda vista por la otra cara.

La nueva tecnología es un enigma para toda la sociedad, tenga o no conocimiento de la informática, los más valientes y osados son los que inician el uso de ellas. Las personas que se consideran novedosas intentan controlar la tecnología que se le presenta. No importa si es experto en el área tecnológica. A estos líderes le acompañan y le observan las experiencias que han obtenido con su trabajo, tienen los resultados de las hazañas que se muestran a los demás. Dependen de los seguidores de acometer sus proyectos con las tecnologías actuales, tiene una idea de la funcionalidad y los riesgos que ofrecen; la decisión de los seguidores está en rechazar, repetir o adaptar lo que realiza el líder para sus proyectos.

11.1. Lo primero es saber lo que se quiere

En el ámbito del proyecto informático, el objetivo es algo que se desea. Una idea que se transforma en algo tangible que se puede crear en el futuro (factible). Las ideas surgen en cualquier momento, sea viendo un programa o vídeo tecnológico que le atrae el concepto, o cómo se construye algo. Las ideas se relacionan de lo descubierto y el uso en el proyecto o en el objetivo que se desea realizar. El orden de formular un objetivo debido a una idea que se le presentó, o primero fue el objetivo y luego se presenta lo descubierto, en ambos casos, el resultado final se tiene el objetivo.

Los objetivos también pueden ser que estén definido, están dentro de los procesos creados en las instituciones y las empresas por muchos años; el conocer las nuevas tecnologías abre a otros mundos y otras visiones para cumplir los objetivos. La nueva tecnología tiene mucha funcionalidad y aplicabilidad a casi todo; lo primero, es conocerla; lo segundo, que es lo más difícil, el trabajo y el proceso que se hace a diario relacionarla con la funcionalidad y el beneficio de la tecnología existente. Existe otra opción que es investigar si existe una tecnología que cubra una funcionalidad, una necesidad o un proceso en la misma Internet.

Las capas de las tecnologías están presentes y disponibles para todos, lo que se necesita es saber qué hacen. Un ejemplo que se presenta a diario es el uso frecuente de las redes sociales para el trabajo, originalmente se crearon las redes sociales para la diversión o para mantenerse comunicado con los más cercanos; ahora las redes sociales se utilizan para darse a conocer y buscar nuevos seguidores o futuros clientes. Las redes sociales no es todo en las nuevas tecnologías, es uno de muchos medios de comunicación que se encuentra en Internet; los buscadores permiten encontrar tecnologías que cubran una necesidad latente para la empresa, la institución o las personas.

La nueva tecnología es usado en la empresa en los proyectos informáticos: en la gestión del proyecto y en el desarrollo del software. En la gestión del proyecto permite automatizar y agilizar el trabajo de control, verificación, validación, evaluación y registros de las tareas, y del plan de proyecto. La tecnología ofrece también las herramientas para la creación de los componentes del aplicativo, disminuye la carga de trabajo y facilita el trabajo de los desarrolladores. Algunas tecnologías también ofrecen el seguimiento de la puesta en producción del aplicativo, como el centro de contacto y apoyo a los clientes o usuarios, estudios y comportamientos de las aplicaciones y consumos de recursos informáticos, etc. También puede abarcar el estudio o datos del comportamiento general de la sociedad, de los clientes y los seguidores.

11.2. Investigar y conocer las nuevas tecnologías

En las mejores familias pueden suceder los descubrimientos tardíos; como la investigación sobre los temas y los conceptos usados en el libro, por ejemplo, el autor del libro no conocía la existencia de la ISO/IEC 29110 hasta ahora, pero está presente desde varios años atrás como un estándar aplicable para las pequeñas y medianas empresas, estos son nuevas tecnologías en los modelos de gestión. La certificación ISO se aplica a las empresas con ciertos tamaños, debido al formalismo y la aprobación por las instituciones que se encargan evaluar y certificar los procesos de las empresas; el otro punto, los modelos de procesos se aplican a empresas medianas o grandes con nivel de madurez y productividad en el desarrollo de software, tener procesos y modelos que derivan trabajo de estandarización y de mejoramiento en las actividades de la empresa.

Las empresas pequeñas generalmente se mantienen con la fuerza de cada uno de sus integrantes, cada miembro es un proceso y posee diferente modelo de gestión, cada miembro es un área de la empresa. Cuando se sustituye a la persona de un cargo se cambia también el área, todo el proceso y modelo que se tenía. En cambio, el enfoque de estandarizar los modelos de gestión de proyectos y modelos de implementación de software en la pequeña y mediana empresa, con modelos sencillos y pequeños acorde a la escala de la empresa. Esto no rompe con lo indicado con la fuerza de cada miembro de la pequeña empresa, manejar de forma estándar cada modelo con un mínimo de actividad y tareas sin romper el esquema de las pequeñas y medianas empresas, permite tener un mínimo de calidad de entrega de los productos y servicios a sus clientes, por el otro lado, mantiene su operatividad continua sin impacto con el cambio de personal.

Las tecnologías están presentes en nuestra sociedad y están disponibles. El descubrirlas y conocerlas entran como las nuevas tecnologías. No hay diferencia al tratar las nuevas tecnologías o las establecidas en la sociedad al ser descubierta, es el momento cuando se investiga y se hace uso por primera vez de ellas que se consideran como nuevas. No se trata de la fecha de creación, sino, el modo de cómo se tratan al conocerla.

La ventaja de las tecnologías establecidas con las nuevas es que existe más información y experiencia de otras personas o empresas al utilizarlas, esto es con la visión cronológica de su creación. Pero existen tecnologías establecidas por años que no sean encontrado aplicaciones y funcionalidades reales que no se han explotado, por esta razón, tiene la misma cantidad de información de las nuevas. Se habla de una curva de aprendizaje, donde existen casos de éxito, que suceden años después de su creación, luego que pasa su fase o ciclo de maduración; también existen casos de éxitos donde alguien lo descubre y le encuentra una gran utilidad.

La disponibilidad de la información de la tecnología es importante antes de ser seleccionada. Investigar y encontrar la información consiste en descubrir que cubre y soporta el objetivo deseado. Una investigación es exitosa cuando se encuentra la solución de la totalidad o parte del objetivo. El hecho que para cubrir por completo el objetivo se necesitará uno o más tecnología.

Conocido las tecnologías que son necesarias, se verifican el nivel técnico informático de cada descubrimiento. Como se indica en las capas de la tecnología, cada una describe el nivel que se necesita para identificar las personas con ciertos conocimientos de la informática, en el caso más sencillo, el no necesitar o tener lo básico del conocimiento informático para usarlas. Esto determina el nivel de conocimiento necesario como: básico, intermedio o experto, por ejemplo: para la creación de páginas web o blogs existen variedades de soluciones en Internet con o sin sus dominios para ser creados en horas, solo se debe escoger el adecuado a su capacidad; la selección de una de ellas también depende del nivel de conocimiento de la informática, puede ser muy especializado y otros son sencillos de utilizarlas. La mayoría de la tecnología es de fácil uso porque tiene tutoriales y cursos gratis en Internet; es menos probable encontrar información de tecnología a nivel experto que las básicas; y si existe, no es entendible para todo.

En Internet es una herramienta de investigación para buscar información e intentar cubrir el objetivo, como se indicó anteriormente, también tiene información en el área de soporte de los proyectos, es decir, al presentarse un problema se acude a Internet para verificar y encontrar la solución. Por último, Internet permite en la mayoría de los casos, tener un área de trabajo para la prueba y el desarrollo de las aplicaciones en los servidores de la tecnología; son pocos casos que se necesitan instalar herramientas de desarrollo en el equipo local del creador del software, porque las herramientas están en la nube.

Las herramientas para la investigación y la búsqueda de información son: los buscadores de Internet (Google, Bing, Yahoo, Baidu, AOL, etc.), y YouTube.

174

Los buscadores de Internet se enlazan con páginas web, blog, vídeos, imágenes, cursos y noticias que poseen diversidad de información sobre los temas que deseas investigar; YouTube permite también encontrar vídeos tanto de tutoriales, información y clases digitales de diversos temas de tecnologías.

Las publicaciones y las noticias son también fuente de información donde permiten identificar las características de las nuevas tecnologías. Lo importante en todas las búsquedas de información son las fuentes u orígenes de estas. La identificación del dominio de las páginas web (las primeras letras o palabras del enlace web que identifica el dominio, por ejemplo: www.rae.es que es la "Real Academia Española" para las búsquedas de los significados de las palabras) valida la institución o la empresa que presenta la información, consideren los dominios conocidos o de gran peso para el tema que se investigue. Con el mismo buscador identifica la fuente de la información, la empresa o la institución que provee los datos, que también están las reseñas y las noticias en el mundo, es decir, investigar el autor de la noticia; otro instrumento son los comentarios de las personas que están disponible en la misma u otra página web. El buen o mal uso de los buscadores se debe a la selección correcta de las palabras o el conjunto de ellas que se introducen en la búsqueda en Internet. Considere también una excelente búsqueda de una secuencia lógica y encadenamiento de términos que permitan dar con la conclusión, la aclaratoria o el resultado deseado.

Se puede localizar información muy general como específica, tomando en consideración los términos y el país del origen de la tecnología, el idioma, los sinónimos de las palabras, etc., incluso la mayoría de los buscadores proveen ayudas y sugerencias de otras palabras para la búsqueda (palabras claves) y que se asocien a lo que desea encontrar, por medio de la inteligencia artificial intenta localizar con los patrones de palabras que el usuario ingrese. Por ejemplo: buscar información básica como "que es un software"; o buscar algo tan específico como "la dirección IP de mi servidor", por la construcción de las palabras en la oración de la búsqueda, el navegador sabe que la "IP" se define a nivel de informática, e intenta buscar el servidor que está conectado, y se presenta al final de búsqueda, la referencia a las listas de páginas web que hable de "IP en bolsa", refiriendo a las acciones de una empresa.

Los buscadores de Internet funcionan sobre los navegadores de Internet, los navegadores son software o aplicaciones instalados en las computadoras, los teléfonos móviles inteligentes, las tabletas, etc., su trabajo es conectarse en Internet y ejecutar las aplicaciones web que se indique, una de ellas son los buscadores. Algunos navegadores de Internet conocidos son: Google Chrome, Mozilla Firefox, Opera, Safari y Microsoft Edge.

Con el uso de Internet se puede localizar también libros, folletos e informes especializados en el manejo de las nuevas tecnologías. Algunas de estas informaciones tienen costos de adquisición como publicaciones sin costos. Las tecnologías generalmente proveen el soporte técnico y los foros en Internet, una manera que los usuarios accedan a la información para solventar los problemas y aprender más con el proyecto que desea emprender, la disposición de información es para auto gestión del conocimiento que provee las empresas proveedoras y donde los usuarios deben saber administrar.

Para conocer la nueva tecnología con la investigación e información encontrada; si la tecnología lo permite, también hay que realizar varias pequeñas pruebas, para verificar si puede cubrir el objetivo o parte de ella; esta actividad se conoce como construcción y uso de prototipo (capítulo 4.8).

Las pruebas se realizan en lugares que no afecten a otros aplicativos o a los datos existentes (bases de datos) de las empresas, un lugar nuevo y aislado sin relación a los sistemas actuales, si se necesita datos reales u otros componentes existentes se deben hacer una copia a la nueva área de prueba para no afectar al que está operativo. Por ejemplo, en el caso de Google que ofrece todos sus productos con la creación de una cuenta de correo de Gmail, si el sistema actual trabaja en ella y se desea hacer pruebas de las nuevas funcionalidades, la recomendación es realizar las pruebas e las investigaciones con un nuevo usuario en un ambiente diferente. Depende de cada tecnología, permite o no en que puedas trabajar al lado de los sistemas en producción sin ser afectado con la investigación o la prueba de la tecnología.

Con la tecnología seleccionada se hacen las pruebas o los prototipos, la mayoría de las veces, poseen su propio sitio virtual en la nube que no es necesario bajar a equipos locales; también ofrece sus herramientas tecnológicas para ser usadas en ese sitio, como se indicó anteriormente. El mecanismo usado está disponible para todo público que desea adquirirla; donde la distribución de sus productos y sus servicios está en un solo punto; permite un modelo de gestión de control y de distribución central.

11.3. Evaluar la capacidad y el conocimiento

En el paso anterior se realiza la investigación y el conocimiento de las nuevas tecnologías, el uso de Internet como herramienta para buscar e identificar lo que falta por conocer. La recomendación es continuar con la investigación hasta cubrir el objetivo con la funcionalidad de la tecnología, lo ideal es tener todo cubierto con los diferentes prototipos. Si no hay más información e investigación, se pasa a la definición del nivel de incertidumbre o nivel de conocimiento y capacidad que se posee para emprender el proyecto.

La investigación y verificación de la información percibe también en detallar el objetivo. El identificar por partes con el funcionamiento deseado con la tecnología, es un proceso de partición del objetivo que es cubierto con el proyecto. La investigación se profundiza en las funcionalidades no cubiertas. Este proceso permite bajar el nivel de la abstracción o aterrizar el objetivo con el uso modular de la nueva tecnología (ver capítulo 4.1), donde relaciona las partes del objetivo con las funcionalidades de la tecnología y los prototipos.

De la investigación se derivan los detalles de cómo llegar al objetivo. Ahora se concreta en identificar puntos de detalles del proyecto como:

- Los requerimientos que se desean.

- Los requerimientos o funcionalidades que deben tener el aplicativo o el software. Deben cubrir los requerimientos que se desean.

- Con la nueva tecnología funcionará el aplicativo en su plataforma o en otra arquitectura u en otra plataforma. Se identifica que el aplicativo se ejecuta en la nube o si es necesario ser instalado en un equipo local o propio. La instalación en un equipo obliga la adquisición de uno o más computadores generando costos. Si el aplicativo funciona en la nube significa que hay costo de un dominio o alquiler temporal de un sitio virtual, en algunos casos son sin costos si la magnitud de consumo de procesamiento y memoria sean pocas para la tecnología seleccionada.

- Verificar si es necesario usar uno o más tecnología, en cualquier caso estudiar la factibilidad de la integración o la unión de las diferentes funcionalidades del software con uno o más tecnología. El caso de necesitar computadores locales es obligatorio el uso de sistema operativo y aplicaciones de ambientes para el funcionamiento del proyecto como su integración, se agrega en el costo total del proyecto.

En los diferentes puntos del proyecto se evalúan el conocimiento y la capacidad de realizar las actividades o las tareas. La evaluación se debe sincerar en base a la experiencia con la tecnología. Una evaluación es estimar el nivel de incertidumbre, con la suma de lo que se necesita y las partes desconocidas del proyecto y si son mayores a los recursos que se posee y de lo que se conoce, se tiene un nivel de incertidumbre alta. La incertidumbre es baja o es nula cuando no hay duda y todas las actividades y tareas son conocidas y detalladas que serán ejecutadas por las personas capacitadas involucradas en el proyecto.

El nivel de incertidumbre es alta cuando hay muchas partes desconocidas que las partes conocidas; o la proporción entre ambas son iguales se tiene un nivel de incertidumbre intermedia. La decisión en el proyecto es de abandonar o de seguir, en este punto, si la decisión es seguir con nivel de incertidumbre intermedia a alta, la recomendación es asesorarse con expertos o conocedores de la tecnología o ingeniero del área para verificar la continuación o el abandono de este, y el objetivo principal para continuar es disminuir la incertidumbre; en caso de ser baja, es una opción posible en asesorarse con los expertos para confirmar la continuación del proyecto, es una manera de ir por lo seguro. En el siglo pasado, los proyectos informáticos que desarrollan y funcionan en producción con un 80% o más por ciento de sus metas u objetivos cubiertos, se consideraban exitosos.

En este punto es importante seguir al siguiente paso cuando el nivel de incertidumbre es bajo. Si el nivel de incertidumbre es intermedio o es alta, se debe continuar con la investigación indicada en el inicio del proyecto o incluir ingeniero de software y sistema en el proyecto para llegar a un nivel de incertidumbre bajo.

Dependiendo del proyecto, se puede pedir ayuda también a personas conocidas o amistades que han trabajado con la tecnología; generalmente, debe haber más personas en el mismo sector económico o sociedad que tienen experiencias en el manejo de la tecnología, por lo tanto, las condiciones de gestionar el conocimiento es diferente y pueda que exista una apertura y una ayuda mayor siendo del mismo gremio, teniendo las mismas necesidades o modelos de procesos.

11.4. La planificación

Para este paso es necesario un plan detallado con actividades y tareas de cada funcionalidad del software, es decir, la totalidad de las funcionalidades apoyada con la nueva tecnología. Cada tarea esta soportado por las pruebas en el paso de la investigación previa de la tecnología. Para esta fase se necesita que el nivel de incertidumbre sea bajo o nulo.

En cada tarea se identifica la tecnología a usar y el tiempo estimado de la ejecución o fecha de culminación, y el responsable de la ejecución. Se contempla las relaciones y lugares de las opciones de cada tarea en las pantallas del software (diseño). Las integraciones de funciones y componentes con las combinaciones de tecnologías que son también definidas en el plan.

Hay actividades que se deben colocar en el plan que son las pruebas y las posibles acciones con los resultados. Se detallan los diferentes caminos o combinaciones de usos que pueden tener el aplicativo, los tiempos y las actividades que se deben considerar dos o más pruebas de la misma función, las pruebas del que desarrolla la función y las pruebas de otra persona encargada de la calidad del aplicativo. Se agrega también el tiempo estimado y los responsables. La recomendación para las pruebas es colocar a diferentes personas de los que desarrollaran las funciones.

En el plan se considera los tiempos de los responsables de las actividades, las tareas, las reuniones y los cambios de especificaciones donde se agregan más tiempo para las contingencias. Las reuniones en estos casos deben ser productivas, debido a que los recursos estarán sin realizar sus actividades del proyecto.

El plan se puede cambiar debido a diversas condiciones y razones, como cambios externos o internos del proyecto, sucesos extraordinarios, nuevos descubrimientos, etc. Lo importante es llevar la planificación y reajustar todas las actividades, la duración, las fechas, los responsables y todos los datos que se posea; se permite también agregar nuevas tareas, modificar las existentes o eliminarlas porque son necesarias por las condiciones que se dan en el proyecto en un momento dado y que se puede proyectar de forma exitosa en el futuro.

En el plan del proyecto siempre se determina el nivel de incertidumbre, mientras más tareas y actividades están bajo control, con conocimiento y con la capacidad de poder culminar es lo mejor; en contra de las actividades o tareas que faltan o se desconocen para su ejecución; la proporción entre ambas se determina el porcentaje de incertidumbre. El porcentaje de incertidumbre es el porcentaje de las tareas sin capacidad de culminarla entre todas las tareas (con control y sin control). El plan de proyecto permite en cualquier momento del ciclo de desarrollo del software identificar el nivel de incertidumbre, como en el inicio de esta etapa. Permite tomar decisiones y acciones para mantener el nivel de incertidumbre bajo en el proyecto.

En la planificación también pueden surgir dudas o tareas desconocidas, si es relación con la tecnología, se recomienda aplicar prototipo para su aclaratoria y detallar su solución en el plan para ser usado. El prototipo también se utiliza en el proceso de aprendizaje e investigación de las nuevas tecnologías, que este caso puede sustituirse de los cursos presenciales, todo con el apoyo de Internet.

Se completa la tarea de planificación con la creación del plan del proyecto, que será supervisado y revisado a lo largo de la implementación y del desarrollo del software. Por ser modificable en el tiempo, debe estar en un documento digital disponible para todos los miembros del equipo de trabajo; y dependiendo de la gestión se puede auto modificar por cada uno que la integra. Lo recomendable es colocar el documento digital en un lugar disponible y al alcance para todo como en la red, en la nube o enviado por correo electrónico; el documento puede ser creado por un aplicativo usado para este fin, como Microsoft Project, hoja de Excel o una hoja de cálculo de Google. La construcción del documento debe ser personalizado a cada miembro del equipo del proyecto, que permita solo ver cada persona su plan. El aplicativo para el manejo del plan debe permitir la visión individual de cada integrante como el plan general o completo con todas las secuencias de actividades. En los diversos planes se deben controlar las diferentes versiones actualizadas y definir la versión oficial.

En el proceso de construcción del plan del proyecto se lleva otros tipos de actividades y tareas paralelas que no se especifican en el plan de desarrollo del software. Las actividades y tareas que acompañan en la ejecución de la implementación del proyecto son:

- Verificación de los resultados de cada tarea y actividad del plan.
- Reuniones y registros de estas.
- Registros de fallas y correcciones.
- Registros de cambios.

- Respaldo del proyecto y sus avances.
- Registros de conformidad y aceptación.
- Evaluación del progreso del proyecto.
- Registros de seguimientos y trazabilidad.

El plan del proyecto tiene como resultado en la sub tarea la creación de algunos de los registros mencionados anteriormente. Los registros se crean con las tareas y actividades en los diferentes modelos de gestión del proyecto que son los próximos capítulos del libro, permite verificar y señalar las actividades culminadas del plan. Los registros se pueden generar de diferentes formas, por ejemplos: como un correo electrónico, crear una fila en un archivo de hoja de cálculo, o la modificación de un campo en ella, un documento, etc. El medio técnico de crear registros son diversos, dependen de los recursos seleccionados en la tecnología, como un formulario centralizado en Google Drive que es modificado desde una página web o un correo electrónico enviado al responsable, que luego se responde y actualiza el formulario.

12. Con el orden se trabaja mejor

Las nuevas tecnologías producen en algunas organizaciones caos y desesperación, pero todo tiene una solución aplicando orden y disciplina. La paciencia también lleva al objetivo, en el capítulo anterior se logra el orden del proyecto informático, el objetivo se descompone en pequeñas tareas y actividades ordenadas, con sus respectivos responsables y las fechas a ejecutarse. En cada tarea y actividad se deja uno o varios registros junto al resultado que es el componente o función del software desarrollada o construida. Se tiene una idea de lo que se tiene que hacer en el futuro, pero cómo se conoce, si lo planificado está en el camino correcto, solo se sabe cuando se ejecute o que se inicie la ejecución del plan y de los resultados de cada tarea. Al ordenar las tareas y las actividades se tiene una expectativa del futuro, esta expectativa se debe conocer con la realidad cuando se desarrolle y se valida la diferencia. La diferencia al ser mínima, la planificación fue excelente, pero si hay diferencias se deben corregir con más tareas y actividades, modificando lo que existe o eliminando algunas tareas del plan.

La valoración de la diferencia entre la expectativa y la realidad del proyecto, los cambios de planes, si existen, es un indicativo para accionar con el objetivo de disminuir la diferencia, la disminución de la diferencia se realiza con la gestión del proyecto. La gestión de los proyectos también permite potenciar la expectativa, en el sentido que se puede elevarla, si va como se indica en el plan, es decir, aumentar la funcionalidad o mejorar la característica del software al ser usado. Este último punto se logra con la creatividad, la confianza, la experiencia y la madurez alcanzada, porque se logra por el corto tiempo de aprendizaje y la facilidad de uso de la nueva tecnología en la mayoría de los casos.

12.1. Gestión del proyecto

El orden y la ejecución del plan se deben mantener según lo definido y acordado. El responsable del proyecto debe validar y verificar todos los trabajos, las actividades y las tareas del plan de proyecto, las actividades básicas son:

- Planificación de reuniones.
- Estar pendiente de la planificación y la ejecución del plan de proyecto.
- Evaluar y controlar el proyecto acorde al plan.
- Cierre del proyecto.

En todas las tareas se realizan con la toma de decisiones, los planes de acción y las acciones. Las tomas de decisiones se derivan del estudio de los diferentes registros que se generan en todo el proyecto. La medición generada por los registros permite definir si lo planificado fue creado correctamente, y ver las desviaciones que se presentan en la ejecución del plan, corregir y determinar los nuevos cambios.

Con los registros de la culminación de las tareas, la validación, la verificación y la conformidad de los resultados se miden el avance del proyecto y su porcentaje de ejecución en su totalidad (totalidad de las tareas del plan versus tareas culminadas y validadas).

Con los registros de cambios y la no conformidad se realizan las nuevas investigaciones y las acciones para el mejoramiento, la corrección o la modificación de las tareas y las actividades que se reflejen en el plan del proyecto.

Vigilar y proteger todo el trabajo, el uso frecuente de mecanismo de respaldo o de copia en digital para la seguridad y las contingencias para las pérdidas de trabajos terminados o en procesos de ejecución. Esta tarea y actividad se debe hacer de forma periódica dependiendo del volumen de avance. Los respaldos se pueden realizar localmente con dispositivos físicos, como disco duro externo con conexión USB por ejemplo, o en la nube donde Amazon y Google tiene mecanismo de almacenaje. El respaldo de la totalidad del trabajo o de la porción del trabajo se debe ejecutar cuando los casos importantes son terminados. La mayoría de las tecnologías tienen mecanismos de respaldos y almacenamientos, lo recomendable es tener otro mecanismo adicional diferente a la que se provee.

El encargado del proyecto tiene la responsabilidad de la verificación periódica de la ejecución del plan, evaluación y control del proyecto. Esto se realiza de forma presencial en el área de desarrollo como en las reuniones. Acompaña con el control de los suministros de los recursos necesarios para la creación y desarrollo de cada tarea, tener los recursos disponibles y necesarios ante de la fecha de inicio de cada actividad. El control de suministro conlleva un inventario para adquirir nuevos recursos o mantener la disponibilidad de esta.

Las nuevas tecnologías tienen diferentes mecanismos para soportar la gestión, como la actualización automatizada y alertas en el plan para todos los miembros del proyecto, indicación de posibles cuellos de botellas, posible uso en exceso o la no disponibilidad de los recursos, uso inadecuado de los tiempos, etc. Apoyándose en el uso de un sitio web o almacenaje digital de los documentos donde se desarrolle el componente, permite la actualización o creación de documentos (como manuales de operación, manual del sistema, etc.); otras herramientas como medición de consumo en la red en un momento dado;

actualización en línea de los avances del proyecto de la nueva aplicación, con la verificación, la validación y la prueba conforme la culminación de la integración del cambio, inclusive sistema que integra de forma automatizada todo el desarrollo, control de versiones del proyecto, etc. La gestión también posee la creatividad de usar la nueva tecnología para el control y evaluación del proyecto como del plan. En el caso de las empresas tecnológicas existen aplicaciones que utilizan manejadores de bases de datos para registrar y administrar cada evento. Una ventaja de trabajar en un sitio de Internet, es que los procesos de validación y control de las funcionalidades culminadas se pueden acceder en línea.

12.2. Las reuniones

Las reuniones son planificadas de diferentes formas, depende de la periodicidad, de los participantes, de la reunión, y principalmente del objetivo. Las reuniones tienen diferentes motivos y un solo objetivo, la comunicación. La comunicación debe producir efectividad en el sentido estricto, acordar el objetivo del proyecto. La comunicación es de doble sentido, tanto de transmitir y de recibir información del proyecto, la toma de decisiones y las acciones dependen de la información compartida. El fin de la reunión debe plasmarse en acciones a ejecutar y en un registro llamado minuta.

En la actualidad existen diversas aplicaciones en Internet como dispositivos para las empresas que permiten reuniones virtuales desde la telefonía IP hasta vídeo conferencia, el objetivo hacer reuniones donde los participantes están en diversos puntos geográficos, la tecnología ofrece como Skype, Zoom, Facetime, Google Hangouts, Viber, Whatsapp, Google Duo, Facebook Messenger, Snapchat, Instagram, Discord, Jitsi Meet, etc., la mayoría solo funcionan en el teléfono móvil inteligente, otros en los computadores y varios de los aplicativos se ejecutan en ambas plataformas. La selección de una de ella depende de los dispositivos disponibles que tengan todos los integrantes.

Las reuniones virtuales o presenciales deben ser periódicas como se indican en la gestión del proyecto, pero en todas deben ser equilibradas en el sentido de la productividad del proyecto, el tiempo dedicado en las reuniones sin productividad es un tiempo perdido, tiempo que debería ser aprovechado en la ejecución del plan.

La frecuencia entre reuniones y el tiempo de duración pueden ser variados y combinados:

- más frecuente y de corto tiempo de duración al principio del proyecto, luego hacerla menos frecuentes y más larga (si es necesario) dependiendo como avanza el proyecto;

- frecuencia en periodo constante y predefinido, es difícil determinar el periodo para que sea balanceado la carga de trabajo y las reuniones, la recomendación que sea consultado a los participantes el periodo y definir la por mayoría; o

- por demanda, en caso que sea necesario la reunión;

Todas las reuniones se recomiendan tener las consideraciones de los objetivos y los resultados al finalizarlas, como el respeto de los tiempos de cada integrante quién asistirá. La consideración es definir la lista de personas que asisten dependiendo del tema u objetivo de la reunión. La lista de asistencia, por lo general, son por niveles de cargos o responsabilidad del proyecto; el objetivo, el resultado y el mensaje son diferentes al reunir todos los responsables o líderes de un área a reunir toda la empresa.

Se recomienda cuando este definido toda la planificación y antes de iniciar el desarrollo del proyecto, hacer una reunión con todos los involucrados, para comunicar el objetivo y el plan general. Luego se deben hacer las reuniones particulares para los detalles del plan y los objetivos particulares a quienes correspondan.

Las reuniones pueden generarse en cascada, se inicia con la alta gerencia, luego la reunión la integra solo el nivel próximo del cargo de la empresa, y luego este a su vez con los suyos, y así sucesivamente. Se aplica generalmente en empresas medianas y grandes.

En Internet se puede encontrar diferentes modelos de gestión de las reuniones, también depende del estilo de gestión personal de cada supervisor.

Algunas de las reuniones se pueden sustituir por mecanismo o aplicaciones que ofrecen la tecnología como el envío de correo electrónico con la información necesaria para indicar el cambio de estado del proyecto para ser evaluado y controlado por la gestión; aplicaciones en línea que al terminar cada actividad o cada tarea se actualice por la red, permite el cambio de estatus en el plan de proyecto en línea, etc. Con las nuevas tecnologías existen muchos medios de comunicarse.

El tiempo es oro...

12.3. Evaluación y control del proyecto

Las reuniones son una de la herramienta de control y de evaluación del proyecto, la tecnología posee otras herramientas que están disponibles en la nube, las aplicaciones existen en el mercado digital como: Monday.com, teamgantt, Clarizen, Forecast.app, Celoxis, Hive, teamwork, paymo, bitrix, pro workflow y muchos más; donde la mayoría tiene un costo, otro sin costo por un tiempo limitado o con condiciones iniciales.

Las aplicaciones de evaluación y control de proyecto en algunos permiten el uso de correo electrónico, agenda y otras funcionalidades que ofrece Google por separado. En las empresas, el uso de Microsoft Project en los proyectos permiten combinarse con la infraestructura y recursos tecnológicos, como sala de vídeo conferencia, correos electrónicos, agendas virtuales, etc., que el mismo gestor selecciona los adecuados para cada proyecto y momento. El caso de que existe un equilibrio entre el tiempo de duración proyectada en el desarrollo del software (generalmente que es corto), el tiempo de selección y aprendizaje de aplicaciones de evaluación y control de proyectos, y la efectividad de los componentes (correo, teléfonos, aplicaciones de vídeo llamadas y vídeo conferencia, etc.) seleccionado por el gestor puedan retrasar o agilizar la gestión. En caso de proyectos pequeños con un solo miembro de desarrollo y un gestor, que en muchos casos es la misma persona, tener todas las estructuras tecnológicas mencionadas retrasará el proyecto, que solo con una hoja de cálculo y un computador conectado a Internet son suficientes recursos.

Para evaluar un proyecto se utiliza la medición, la medición se realiza con una característica tangible del proyecto, por ejemplo, la cantidad de funcionalidad que debe tener el software, y la medición se realiza con las funciones que faltan por desarrollar y lo culminado. Para mayor control, evaluación y exactitud, mientras más mediciones se tengan en el proyecto es mejor, pero también hay que equilibrar en no tener muchas mediciones para proyectos pequeños, donde se trabajará más en actualizar las mediciones en la gestión que el mismo desarrollo. Los registros del proyecto que se mencionan en las secciones anteriores son las mediciones en un momento dado, permite hacer comparaciones y estimaciones para el presente y el futuro.

Las mediciones son los indicadores del proyecto, por lo tanto, existen también indicadores en la gestión como en el desarrollo de la aplicación, uno mide la gestión y el otro mide el avance del proyecto. Los indicadores pueden ser de diferentes naturalezas que se pueden medir y evaluar: los resultados, la calidad, la gestión, los procesos, los recursos, los impactos, los cambios, etc. Mientras el tamaño del proyecto crece y se habla de mega proyectos, los números de indicadores crecen para un mayor control y evaluación, en este sentido se ordenan los indicadores en áreas de estudios. Similar en los registros de efectividad y eficiencia en algunos deportes donde se conoce a cada jugador por su medición e indicadores.

12.4. Cierre del proyecto

El cierre del proyecto contiene varios puntos que se tienen que gestionar y controlar, el hecho de culminar la creación de todas las funcionalidades del software, permite seguir con el próximo paso que son las pruebas. Las pruebas son actividades usando el software, ejecutar el software con las diferentes opciones y los datos posibles, revisando y verificando el correcto cumplimiento de los resultados esperados. Todo esto en un ambiente que no dañe o modifique los datos reales de la empresa. Las pruebas se realizan en un ambiente aislado, donde la prevención es lo más importante, el hecho que ocurra un error o algo que no se espera, no afecte los datos de la empresa o de la institución, solo afecte a los datos ficticios que se pueden reproducir con la copia de los datos reales si es necesario.

La puesta en producción con los datos y con usuarios reales, se realiza luego que las pruebas terminen, que no existan errores y que todo funcione a lo acordado en el plan de desarrollo. La importancia de marcar esta fase es que se debe eliminar todos los datos de las pruebas o los componentes que se usaron para validar y verificar que funciona correctamente que en la realidad no son necesarias para su funcionamiento, el ejemplo, de los datos que se crearon en las pruebas no deberían estar, o debería estar sin ninguna información cuando el software realmente empieza a trabajar.

Lo recomendable es monitorear y supervisar por un periodo de tiempo el software cuando se está usando con datos y usuarios reales.

Las aplicaciones con las nuevas tecnologías en la mayoría tienen mecanismo de trazabilidad, es decir, presentan indicadores cuando son usados y ejecutados, esto permite en el desarrollo, la prueba y en el mantenimiento del software realizar estudios de usos, en el caso de "Google Search Console" o "Google Analytics" tienen los indicadores de la cobertura y del rendimiento en los sitios web, como otros indicadores más; en los blogs creado con Blogger tiene una sección que tiene las estadísticas de acceso de los usuarios, países, sitios que visitaron al blog; Amazon tiene una variedad de aplicaciones y sitio web que genera información y datos importante para estudio de los proyectos realizados.

12.5. Herramientas de las nuevas tecnologías para la gestión

En párrafos anteriores se describen diferentes dispositivos y software que ayudan en las reuniones tanto físicas como virtuales; construir el plan de proyecto con una hoja de cálculo o en documento de manejo de proyecto; el control y evaluación del plan; todas estas actividades se realizan con diversos aplicativos en Internet. Las herramientas de la tecnología que ayuda a la gestión, al control y la evaluación son diversas en la nube; iniciamos con el computador personal y sus aplicaciones, que han crecido la funcionalidad en las oficinas para reducir muchos equipos físicos y sus usos del siglo pasado, como: el fax, las fotocopiadoras, los calendarios, los recordatorios, los libros y manuales físicos, etc.; reduciendo el costo y espacio físico, llevando todo virtualmente.

Los teléfonos móviles inteligentes con funcionalidades de un computador móvil de pequeña escala, permiten llevar la oficina en el bolsillo. Las personas en el mundo que solo necesitan un móvil para trabajar y donde su oficina es llevado a donde vaya el móvil. Esto permite el teletrabajo, trabajar sin tener la necesidad de una oficina, dirigir la empresa desde cualquier parte y donde existe cobertura telefónica. La tecnología permite conectarse con los equipos robustos de la empresa para hacer la labor desde un computador portátil desde la casa, en cualquier parte o lugar geográfico lejano, teniendo a la mano la infraestructura tecnológica y toda la información necesaria con una conexión segura y privada.

En el caso de entrenamiento y aprendizaje de las nuevas tecnologías, en Internet existen cursos de todos los niveles y

197

de diferentes perfiles profesionales, con o sin costos. Los cursos de las tecnologías incluyen también certificaciones, exámenes, o carreras profesionales completas en las universidades, etc., de forma virtual o semi presencial.

Las tecnologías que soportan las reuniones son los candidatos a ser usados para el entrenamiento y el soporte en directo cuando el producto o el software este funcionando; el soporte, la información y la ayuda utilizando vídeos pre grabado, chats, grupos en la red, etc., son usados después que fueron utilizados en el desarrollo del software.

Los medios de comunicación de las tecnologías permiten y facilitan una variedad de gestión del conocimiento dentro del equipo de proyecto como fuera de ella; recibir y dar conocimiento por los medios tecnológicos. Dentro de la empresa la política, la visión, la misión, las noticias y los mensajes corporativos son producidos en cada área de sus instalaciones y publicados en diversos lugares por medio de televisores y monitores; el almacenaje y la fuente de reproducción del vídeo están en los servidores locales o en la nube. En la nube permite también ser accedido por el público en general o solo para uso privado; todo depende de las necesidades, la gestión del conocimiento y el marketing de la empresa.

13. Crear aplicaciones con la nueva tecnología

Las nuevas tecnologías permiten con sus herramientas desarrollar nuevas aplicaciones; el desarrollo y la creación del software que dependiendo de la tecnología, flexibiliza la integración de personas con diferentes niveles o perfiles en el conocimiento de la informática. Como se indicó en las capas de las tecnologías existen desarrollos para cualquier perfil, desde personas sin conocimiento de la informática hasta los expertos y profesionales cualificados en las diferentes áreas de la informática. La selección del perfil de las personas depende de la elección de la tecnología, y la selección de la tecnología depende de la existencia de la funcionalidad que se desea.

En nuestro caso de gestionar proyectos con personas sin conocimientos de la informática, derivado de la selección de la tecnología que permite ser usado y que cumple con la funcionalidad deseada para ser incorporada en la empresa o en la institución. La condición del proyecto deseada para este capítulo, es de una incertidumbre baja para el desarrollo del aplicativo. Si la incertidumbre es media o alta es conveniente la integración en el equipo de trabajo de expertos y asesores en el área informática, por supuesto entra en los proyectos normales de desarrollos de software con uso de tecnología que tiene requisito la ingeniería de software que posee todos los modelos de desarrollo, no se debe continuar con el proyecto hasta que disminuya el nivel de incertidumbre (volver al principio de la gestión, que es la investigación de las tecnologías).

En el caso de la incertidumbre baja del proyecto es porque se han hecho la investigación de todas las funcionalidades del software por medio de los prototipos. Los prototipos permiten el uso previo de la nueva tecnología seleccionada y probar que cumple con lo necesitado para crear en el software.

En esta etapa se repite la ejecución de las actividades realizadas en la investigación con la nueva tecnología. Pero en este caso, la repetición va acompañada de un orden y secuencia indicada en el plan de proyecto. Adicional, la tarea de integrar el resultado con las otras funcionalidades del sistema.

La funcionalidad se asume que automatiza o semi-automatiza actividades y tareas actuales, o se agrega un nuevo proceso para mantener o agilizar los demás procesos de la empresa o de la institución, o cubrir una necesidad creada por los cambios externos o internos.

La culminación de la funcionalidad se prueba junto con las demás funciones que se han creado. Permite verificar y validar que la nueva funcionalidad no afecte o genere un error a las demás funciones.

Se notifica la terminación y prueba de la actividad de la nueva funcionalidad del software, se genera un registro para llevar un control del proyecto.

13.1. Repetir las actividades con diferentes funcionalidades

La creación de un software proviene de la suma e integración de varias funcionalidades, cada funcionalidad se convierte en un módulo del sistema. Cada funcionalidad es una tarea diferente que hace el software que se repite la operatividad cuando es seleccionado por el usuario. En el caso de crear el software es construir cada módulo con una funcionalidad diferente.

La funcionalidad es diferente pero las tareas y actividades para su creación son similares, el proceso de creación de las nuevas funcionalidades es:

- Construir la funcionalidad como se realizó en la investigación previa con los prototipos.
- Realizar prueba de la funcionalidad creada.
- Integrar la funcionalidad en el software.
- Probar las demás funcionalidades para verificar si afecta la nueva funcionalidad y su integración.
- Generar registro luego de que las pruebas fueron exitosas. Informar o actualizar el plan de proyecto dependiendo de la indicación del encargado del proyecto. Si falla igual hay que notificarla para su corrección.
- Continuar con otra funcionalidad.

13.2. Pedir ayuda e innovamos

La creación de un módulo o funcionalidad a veces no es fácil, la recomendación es revisar la documentación que se tiene en la investigación del proyecto, en el caso que no exista documentación, en Internet encontrarás muchas ayudas, a veces es agobiante cuando hay muchas recomendaciones. La técnica cuando existen muchas recomendaciones o caminos para realizar la tarea se aplica criterio en base a la fuente de la información conocidas y serias, como sitio web de universidades, empresas o instituciones reconocidas, y que exista la información común en todas; cuidado que existen copias de un mismo tema en varios lugares web o que proviene de un mismo lugar en Internet, se descartan las repeticiones y se selecciona la fuente original; a veces, la mejor solución está más atrás en la búsqueda de Internet, generalmente las primeras son los más populares, pero puede que no son las correctas en tu caso. El uso de los buscadores se centra en colocar las palabras adecuadas y exactas para la solución (palabra clave), una palabra puede cambiar los resultados. Generalmente la tecnología seleccionada en el proyecto tiene un sitio de soporte y ayuda; en el caso de Google, sus recomendaciones están en su propio dominio como www.google.com>..., o "sites.google.com...". Finalmente, si no ha logrado encontrar con la solución de cómo realizar la tarea o actividad es reunirte con el encargado del descubrimiento de la funcionalidad dentro de la nueva tecnología para ver los detalles.

En Internet se encuentra las soluciones a los problemas, pero también a veces, la solución genera otro tipo de problema, así sucesivamente hay una cadena de soluciones y de problemas enlazadas, donde el caso es que la acción de la solución final es la correcta y no las anteriores; la otra posibilidad que no hay solución debido a que se presenta al final otro tipo de problema. Todos los casos anteriores tienen registrados las fechas y horas de las posibles soluciones. Se recomienda ver las más actualizadas de las fechas o de fechas antiguas sean los casos, depende de la versión de la tecnología utilizada; son pocos que la solución correcta sea de vieja data, debido a que las tecnologías se actualizan o depende mucho de compatibilidad de las versiones con las soluciones. **Lo importante es no aplicar ninguna solución hasta que la información este completa**, debido a que hay casos que no tiene solución, y al final de la cadena es peor que el problema inicial. También hay pocos casos que debe seguir una cadena de soluciones y problemas para solventar la inicial.

En **Internet también se crea nuevo problema** al acceder a sitio web de dudosa creación; **el momento crítico para crear el nuevo problema, es cuando se instalan aplicaciones en el computador local**, este debe indicar su procedencia, la certificación y la empresa de la creación del componente; lo que se instala puede ser desde un virus hasta aplicaciones que dañe el equipo o espía las acciones en el computador. En el caso de **la nube, los problemas se crean en los momentos críticos cuando se da información personal y vital** como número de tarjeta bancaria y clave a sitio web de dudoso dominio; en la nube existe también información de la lista de los sitios web que deben ser evitados en Internet. La mejor arma de defensa para estos problemas es el sentido común.

Lo importante también es el aprendizaje de lo que se hace, una forma de conocer la tecnología es entender los términos que se usan. Cada tecnología tiene sus términos, cada arquitectura también lo tiene, a veces una palabra depende del contexto de ella según la tecnología que uses, y varía su significado estando en otras. Para conocer los términos tecnológicos la mejor herramienta es Internet. En la universidad cuando se estudiaba la ingeniería en el siglo pasado, Internet se mencionaba como una cosa lejana que pocas personas tenían acceso, en la actualidad, todos los términos que se conocen y su tecnología se aprenden de Internet, cuando se necesita en las actividades y en los trabajos profesionales diarios se investigan y se actualizan la información, sucede lo mismo con la gestión de proyectos, los términos de negocios y el marketing que son aprendizajes graduales.

El aprendizaje por demanda y el auto estudio con criterios de la formación y la experiencia de cada uno, no importa si es del área de la tecnología, y es más valiosa el conocimiento de otras áreas, porque se tiene otro criterio y con otra visión del área de la informática; las innovaciones vienen en este sentido, en aplicar algo que no pertenece a su contexto pero es de gran ayuda y mejora la calidad del nuevo proceso o del nuevo producto.

La mayoría de la nueva tecnología donde su objetivo es para todos los usuarios y perfiles, evita el uso del lenguaje de programación tradicional (C, C++, COBOL, Pascal, PHP, HTML, etc.), es decir, para crear nuevas aplicaciones o software bajo este concepto, no necesita conocer el lenguaje de programación, y por lo tanto, no es necesario programar un software en el concepto clásico. Hay excepciones donde se debe conocer por ejemplo, HTML (HyperText Markup Lenguage en inglés), para aprender de un lenguaje de programación es similar lo que hace todo profesional en la programación, de forma paulatina, constante y por demanda, cada vez que se necesita hacer algo y se desconoce la instrucción o el comando, se dirige al manual técnico del lenguaje, por lo tanto, el programador siempre tiene a la mano el manual de programación. Pero tranquilo, en el caso de la nueva tecnología, sucede lo mismo, se tiene información en sus manuales o en Internet, pero el mayor porcentaje del trabajo está en el uso de los componentes y productos que ofrece y muy poco en usar un lenguaje de programación.

Se menciona en caso excepcional el uso de HTML como ejemplo, son los casos de los componentes que tienen diversidad de funciones que por sí sola no cubren completamente una necesidad y requiere de ayuda, y es necesario usar HTML o una URL (una página web de enlace de Internet), pero no es obligatorio conocer su contenido, es el límite entre programar y usar un componente de diversas formas, en varios casos como publicación de hojas de cálculos de Google Drive en un sitio web, en construir entrada en Blogger, definir una pantalla en WordPress y el manejo de los productos de Amazon que desea publicar y vender. En cada uno utiliza el formato HTML en varios lugares dentro del componente a construir. Lo que se realiza es la tarea de copiar y pegar la instrucción completa de HTML de un lugar a otro, que el usuario sabe hacer, pero no sabe su contenido y su significado, permite que el usuario evite el trabajo de conocer el lenguaje de programación, pero habrá casos muy puntuales que es necesario conocer el lenguaje, por ejemplo, cambiar el tamaño o dimensión del elemento que está copiando y pegando de un lugar a otro, de igual forma existe en Internet la guía de cómo cambiar el tamaño en HTML para todo el público.

La ventaja de selección del lenguaje de programación por parte de la tecnología es importante cuando es necesario que el usuario sin conocimiento de informática sea obligado a aprender. El caso de HTML no es un lenguaje de programación estructurada o clásica como C, C++, Pascal, etc., es un lenguaje de programación para construcción de páginas web, la diferencia es la construcción de la presentación o pantalla para el usuario, por medio de un formato o plantilla definida, como una hoja de cálculo o un documento en Word. En el caso de programación clásica, la construcción completa es con instrucciones de programación con más detalles técnicos. En resumen, el lenguaje de programación usado es más sencillo y comprensible que los clásicos; es un nivel de complejidad menor en su uso.

13.3. Crear componentes, no programar

La ventaja de trabajar con tecnología que es usado por todo el mundo, en la construcción de los elementos, los módulos o los componentes del software no es necesario programar; en caso que sea necesario, es lo que se comenta en el capítulo anterior con las excepciones (uso del formato HTML); el mayor trabajo de construir el software está ligado de cierta forma a las actividades y las tareas que realizan la empresa o institución. En el caso ejemplo, el área de mercadeo de una empresa su objetivo es publicar o hacerse conocer con las noticias de las acciones en pro de la sociedad realizadas por la empresa o la institución, a parte de sus productos o sus servicios, sin tener conocimiento de programación e Internet; se apoya en los diferentes sitios web de dominio y creación de blogs como Blogger, WordPress, Wix, Jimdo, etc.; como en las redes sociales con las diferentes aplicaciones de Facebook, Instagram, LinkedIn, Twitter, etc., que permiten crear páginas web de la empresa o de la institución, crean varios canales de comunicación con la sociedad; el trabajo mayor es de crear las publicaciones, las imágenes y los mensajes corporativos que son publicadas en las aplicaciones web, su uso es similar a un aplicativo de editor de texto pero en la nube.

La creación de los componentes pueden abarcar niveles de complejidad, tamaños y magnitudes diferentes del proyecto, se nombran de menor a mayor grado:

- Componente: un elemento o un módulo que se integra en el software o en el proceso.

- Sub sistema: construcción adicional de una funcionalidad en la aplicación. Dos o más componentes que tienen un objetivo específico en el software.

- Software o aplicación: construcción de una aplicación que cubra las necesidades de la empresa.

- Múltiples tecnologías: se aplican todas las tecnologías disponibles conocidas donde se automatiza o semi automatiza la mayor parte de los procesos de la empresa o de la institución.

Los próximos capítulos hablamos de cada nivel de construcción.

13.4. Crear componente en la nueva tecnología

Las nuevas tecnologías permiten diversidad de modelos de creación de componentes. Va desde lo más clásicos para los ingenieros de software hasta las personas sin conocimientos de la ingeniería.

La tecnología provee insumos para la programación clásica que se enfoca en los perfiles cualificados en la informática e ingeniería de software para la creación de los componentes; por ejemplo: en el caso de Amazon en entregar API (Application Programming Interface) para el desarrollo de sitios web que publiquen y vendan los productos de Amazon; Google Maps ofrece con costo y sin costo, el uso de esta tecnología para la integración con aplicaciones web o no web, por medio de biblioteca o librería que tienen los módulos para ser usados en los diferentes lenguajes de programación, el otro medio, es el uso de enlaces web a Google Maps por Internet.

La tecnología que ofrece la funcionalidad de sus productos a personas sin conocimientos de la informática, posee la facilidad para crear los nuevos elementos y los componentes, con el uso intuitivo de sus productos apoyado en los manuales y en las indicaciones en líneas, por ejemplo, como una hoja de cálculos que sirve de repositorio de los datos obtenidos de una página web con el uso de la plataforma de Google Drive y con los formularios, con esta misma tecnología crea la publicación de documentos, imágenes y otros elementos digitales con enlaces hacia los sitios web; en este caso, el usuario está familiarizado con el uso de hojas de cálculos y documentos digitales en sus labores.

La otra forma de crear componentes en la tecnología es el uso mismo de estas, agregando un elemento en su arquitectura, como por ejemplo, el uso de sitio web para la venta y compra de productos, se conoce como afiliación en sitios web, el más conocido es Amazon. El crear un nuevo

209

producto en los sitios web con la afiliación, sin necesidad de programación para la venta y la compra de un producto, solo colocando información y datos para que aparezca en el sitio web. No es necesario tener una web propia para crear los nuevos elementos y componentes. La creación de componentes por medios de ingreso de datos donde tiene un efecto en la plataforma que puede estar aislado o ser usado después en otro sitio de Internet; en el caso de Youtube, para crear un canal se necesita tener una cuenta de correo en Gmail, se configura y crea un canal con la información de la cuenta de correo y luego se sube a ella un vídeo, con estos dos requisitos se tiene un canal disponible, con tu vídeo para ser vista por el público.

Por lo tanto, hay dos esquemas para crear componentes, uno con la creación de componentes y otro con el uso de la plataforma tecnológica.

13.5. Crear subsistemas en la nueva tecnología

El concepto es similar en la creación de componente en la nueva tecnología, permite crear y desarrollar desde lo clásico con ingenieros informáticos hasta las personas sin conocimiento de la informática. Abarca en construir o adicionar una parte que cubra el objetivo del software.

El caso clásico de las aplicaciones que tienen por lo menos tres subsistemas: entrada, procesamientos y salidas de datos. Crear un subsistema de entrada de datos es en este caso un tercio de la funcionalidad del sistema. El desarrollar una entrada de datos en un aplicativo convencional centralizado en los mainframe o los grandes computadores, es desarrollar los formatos de pantallas en los terminales usados en el siglo pasado con lenguaje de programación de la tercera generación como COBOL. Ahora se utiliza aplicaciones clientes como pantallas administrativas, es un terminal virtual que simula los terminales físicos del siglo pasado, es un aplicativo adicional que se instala y ejecuta con los otros en los computadores personales que utiliza las pantallas desarrolladas de forma clásica y reutilizando el protocolo de comunicación original. Desarrollar aplicaciones web para ser utilizado en los computadores personales y en los dispositivos con navegadores de Internet, evita convertir el aplicativo (terminal virtual) del computador personal (PC) a las demás plataforma (sistema operativo); para esto se desarrolla las pantallas de entradas en la tecnología web con el acceso a las otras dos subsistemas del aplicativo central establecida; en este caso se tiene dos formas de entrada de datos al computador central: en el aplicativo de la PC o en cualquier navegador de Internet. Muchas empresas tecnológicas poseen las herramientas de desarrollo de aplicaciones solo para móviles, como el desarrollo de API (Application Programming Interface) para esta plataforma, es similar a la programación sobre un sistema operativo específico.

En el caso de la tecnología que no se necesita programar pero si crear un subsistema sin programación, el usar esta tecnología donde representa un componente de la aplicación que se conecta para su funcionamiento, por ejemplo: un lugar para el almacenamiento digital, como Google Drive que tiene la capacidad sin costo de 15 GB para guardar información, en un principio su concepto es de guardar o compartir archivos digitales como vídeos, fotos y documentos en la nube con el uso de correo; los archivos se comparte con permiso de acceso a una persona o grupo de persona al tener cuenta de correo Gmail; similar concepto de almacenamiento digital, esta YouTube, que no solo permite subir vídeos para todo el público, permite también con el uso de permiso de visualizar en privado los vídeos a quien es autorizado; en ambos casos el almacenamiento digital en la nube es importante en los sitios web, que utilizan estos dos almacenamientos como repositorio y enlaza de forma privada a la página web o a su blog, las aplicaciones web son los únicos que acceden a la información del almacenamiento digital en la nube, la funcionalidad cambia de enfoque en utilizarla como subsistemas. En el caso de YouTube es necesario crear un canal que trabaja de forma independiente, los usuarios pueden acceder a los vídeos publicados en ella, pero también es un sistema dentro de página web que enlaza a los vídeos o al canal completo, de la misma relación el canal de YouTube puede enlazar a la página web. En caso de los especialistas en la tecnología, Amazon ofrece su servicio de Base de datos, para el almacenamiento y administración de todos sus datos en la nube, que son usadas por los aplicativos y software de la empresa.

En Internet existen diversos servicios separados como SMS (mensaje de texto por teléfono), los mensajes de voz, gestión de correo electrónico, etc., que son integrados a las aplicaciones, software y aplicaciones Web. Los servicios disponibles que realizan una función específica dentro de la operatividad del software, dependiendo la forma de integración de estos servicios al software es necesario o no personal especializada en programación, hay diversidad de tecnología para escoger dependiendo del tipo y capacidad de integración. Los complementos y los formularios de Google Drive manejan el correo electrónico con solo indicar en la creación de los formularios o en las hojas de cálculos. En el caso de Amazon posee la tecnología para marketing en la comunicación de entrada y salida, utilizando correo electrónico, SMS y mensaje de voz, la tecnología de Amazon permite segmentar el público, todo en un solo servicio.

13.6. Creación de aplicación o software

Al conocer este mundo de la tecnología ha de sorprenderse, en el siglo pasado la creación de un aplicativo web acarreaba costo y tiempo, traduciendo en dinero. Una página web que se utiliza como presentación y posicionamiento en la Internet, para el desarrollo se necesitaba ingenieros informáticos y personal de marketing. El costo en horas hombre y disponibilidad del recurso humano en el proyecto, sin contar el alquiler del dominio o el lugar de un servidor en la nube para su publicación y disponibilidad, generaba un estudio de mercado para saber el impacto de tener o no una página web. En la ingeniería del software era un proyecto completo y con desarrollo propio con un lenguaje de programación que también según la selección de la tecnología hay costo de licencia de uso o adquisición de la herramienta de desarrollo.

En la actualidad, se ha mencionado varias tecnologías que permiten desarrollo rápido de páginas web y blogs, que en cuestión de horas se publica el proyecto. Crear una página web o blog es como usar un editor de texto en la nube, la facilidad de uso, la disposición y la disponibilidad es inmediata, inclusive hay casos que no hay costos en usar la tecnología o por el uso del dominio o el lugar en la nube. En el área de marketing de las empresas tienen tiempo en utilizarlas, sin intervención de ingenieros informáticos o de software. El uso de la tecnología no es el problema, el problema es otro, más adelante en el libro se comenta, es la presencia en Internet, aparecer en los primeros lugares en los resultados de los buscadores es el problema, aparece otra forma de trabajar con la tecnología y es una guerra constante con otras empresas, es el SEO (Search Engine Optimization).

Las ventajas de trabajar en las nuevas tecnologías, como se indican en los dos párrafos anteriores, trabajar en proyectos clásicos y la nueva tecnología es sorprendente en Internet. Todavía se mantiene el desarrollo de proyecto clásico depende de la tecnología escogida, pero igual son los resultados que sorprenden al usar las nuevas tecnologías, los efectos se describió en el capítulo 4, con los conceptos mencionados como la reusabilidad, la arquitectura, la modularidad, la comunicación, etc., los resultados en el desarrollo de una aplicación donde reduce en tiempo, el trabajo de ejecución y hasta cierto punto en el costo.

13.7. Creación en múltiples tecnologías

El desarrollo del proyecto no solo abarca la creación de una página web o una aplicación, se puede trabajar con todas las opciones que hemos mencionados en este capítulo al mismo tiempo. El plan de proyecto contiene la creación de diversos elementos que pueden interactuar de forma independiente y trabajar en conjunto interrelacionando en un solo objetivo de la empresa.

Ver la aplicabilidad de todas estas tecnologías se pueden ver con claridad con un ejemplo de una empresa que fabrica o tiene un producto para comercializar. Su objetivo es llevar el producto a todos los lugares y usar todos sus canales de distribución disponible.

La creación de un canal con vídeos de publicidad y descripción de su producto, la mayoría de las grandes empresas conocidas mundialmente tienen su canal en YouTube, donde despliega la publicidad en sus diferentes páginas webs corporativo a nivel mundial o por cada país; depende del modelo de marketing que usa. Opcionalmente, crea su página web de venta y distribución de sus productos, la misma empresa se encarga de la logística de almacenaje, empaquetamiento, envío, cobro, devoluciones, inventarios, etc.

Crean afiliaciones como en Amazon, afiliaciones en cada país como un canal de distribución de sus productos a nivel regional, donde Amazon se encarga de la venta, empaque, envío, devolución e inventario, depende del tipo de contrato y afiliación que tenga con Amazon. Las ventas de productos digitales en Google de la misma figura que Amazon. Se promociona el producto en Internet con publicidad pagada donde aparece en las redes sociales. En Internet existen otros sitios web que permiten distribuir los productos como el gigante asiático Alibaba para expandir en el mercado oriental. Dependiendo de las leyes en cada país e impuesto de importación y exportación, restricciones económicas o sociales y otros factores, la operación a nivel mundial estará limitada la venta del producto.

14. Casos de éxitos de la nueva tecnología

La realidad actual confirma el uso más frecuente de la nueva tecnología. Una investigación en Internet publicada en las noticias de varios periódicos en la web, confirma un crecimiento en el uso de las redes entre 60% a 80% de lo normal en el período de cuarentena del 2020.

El uso de la nueva tecnología viene desde su creación y aplicada en otras áreas sociales y económicas, los procesos de cada empresa, institución y persona en particular se están innovando o automatizando. El emprendimiento y las pequeñas empresas a nivel mundial van en crecimiento ante de la pandemia, esta afirmación es extraída de la estadística de las pequeñas y medianas empresas desarrolladoras de software, en el estudio de la ISO para la creación de estándares, la proporción de estas empresas en otros sectores de la economía debería ser igual, incluyendo los sectores que no tienen o no desean tener acceso a las nuevas tecnologías.

Con el tiempo y la circunstancia, la sociedad se ve obligada a acercarse en algún momento a las nuevas tecnologías, o simplemente están sobre ellas y no saben que las usan. Realizar un vistazo en Internet de cada caso, permite demostrar la tendencia del uso de la nueva tecnología.

14.1. "Streaming" y vídeos

El inicio del sitio web YouTube dedicado a compartir vídeos para la recreación y entretenimiento con programas de televisión, musicales y películas. La tecnología permite el uso de "streaming" donde no necesita gran capacidad de almacenamiento en los dispositivos para reproducir los vídeos. Los primeros reproductores de vídeos descargaban en su totalidad en el dispositivo antes de ser reproducidos, implicaba tener un dispositivo con suficiente espacio para tener almacenado el vídeo completo, como se envía actualmente un vídeo por las redes sociales o los DVD, y solo así se reproduce. Con "streaming" elimina está limitación, debido que cada dispositivo tiene un espacio libre, mientras que se descarga el vídeo en el espacio disponible, se reproduce lo almacenado y la parte vista se elimina, dejando la misma disponibilidad de espacio al finalizar el vídeo, de esta forma, este mecanismo de reproducir permite transmitir vídeos a una gran cantidad de dispositivos.

14.1.1. Vídeos

En el caso de YouTube lo utilizan los "Youtuber" que son productores y gestores audiovisuales que usan esta plataforma. Algunos "YouTuber" tienen patrocinadores que colocan sus productos en los vídeos. No es necesario conocer la tecnología en profundidad para usarla, solo con un teléfono móvil inteligente y saber usar YouTube es suficiente, otros utilizan diversidad de dispositivo y software disponible en la nube, donde en algunos casos necesitan la ayuda del personal cualificado en el manejo de la tecnología.

En Internet se maneja de las dos formas: los vídeos grabados y en directo. Los vídeos tienen una gran utilidad para

220

diferentes empresas, como se indicó en párrafos anteriores permite transmitir desde visión y misión de una empresa dentro de sus instalaciones hasta la publicidad en los canales de sus redes sociales.

14.1.2. Uso en transmisión en directo

El uso de "streaming" permite la transmisión en directo. Si se transmite un vídeo grabado y editado desde YouTube a una cantidad de dispositivo, también se puede transmitir en el momento cuando ocurre. No solo YouTube aplica esta tecnología, en las redes sociales pueden realizar este tipo de transmisión por medio de sus aplicaciones; también se contemplan las aplicaciones de reuniones que veremos más adelante. Al culminar la transmisión en algunos casos son grabados y almacenados en vídeos, que luego pueden ser editados y procesados en la misma nube.

En Youtube y en las redes sociales con "streaming" son utilizados no solo para el entretenimiento, esta tecnología permite también ser usado por otras personas y con otras funciones como:

- **Parroquias:** en YouTube aumentaron los canales debido a las parroquias y los feligreses que se apoyaron en la tecnología para celebrar la Eucaristía. Transmitir en directo la Eucaristía de la parroquia en el período de confinamiento fue una labor y contacto social tanto de los Párrocos y sus feligreses, el apoyar y crear este medio de comunicación entre todo, a nivel virtual se realizó el trabajo y la logística, con la creación y la suscripción al canal desde cada uno en su hogar y parroquia. Los canales de las parroquias en YouTube con años de existencias, en el período del confinamiento transmitieron las

Eucaristías, se verifica por la mayoría de sus vídeos existente y fecha de creación del canal. Las parroquias también se apoyan con esta tecnología para realizar otras funciones y actividades virtuales como: Novena a las Vírgenes, Rosarios, mensajes pastorales, funerales, cursos, catequesis, etc.

- **Los canales de noticias:** se crearon canales solo con el objetivo de informar del confinamiento y la pandemia, con noticia en directo; igual los diferentes tratamientos y acciones para no contagiarse, el virus como es nuevo, la incertidumbre y el desconocimiento era alta y de alguna forma se tenía que canalizar las dudas.

- **Aportaciones de personas con buenas intenciones:** toda la comunidad ayudó a pasar el confinamiento, por ejemplo, los entrenadores físicos y los deportistas conocidos colocaron sus vídeos para la familia, así, aprovechar el aislamiento para hacer ejercicios. Otras personas aportaron lo que saben hacer: músicos, artistas, cuenta cuentos, médicos, profesores y maestros, etc., grabaron y colocaron en las redes sociales sus vídeos.

- **Canales de músicas y las radios:** las personas que son amantes a la música, crean su arte y lo presenta por medio de esta tecnología, con imágenes fijas resalta la importancia de su arte con el sonido. Las radios locales de las ciudades y los pueblos que solo tienen cobertura limitada; con la transmisión en Internet, ahora se le escucha a nivel mundial.

El uso de la Internet con la tecnología permite tener muchas funcionalidades, como por ejemplo: la seguridad, donde se colocan cámaras en diferentes lugares de la casa y puede ser monitoreado desde cualquier parte del mundo con el teléfono móvil inteligente; o avisar de cualquier problema por medio del uso de Internet. No solo el "streaming", la tecnología permite estar conectado a tiempo real, y se utiliza en: el control de la casa con el móvil, el encendido de la cafetera o la apertura de la puerta principal del hogar. Todos estos ejemplos es una realidad que se compra en las tiendas en línea o están disponibles en Internet.

14.2. Aplicaciones para reuniones

Las aplicaciones para las reuniones de las empresas ubicadas en las nubes son usadas también para:

- **Clases del colegio**: debido a la circunstancia de la pandemia, la mayoría de los colegios optaron en usar estas aplicaciones para culminar el curso del año 2019-2020. Las clases continuaron de forma virtual en directo con los alumnos y los profesores, y cada uno en sus casas con el uso de computadores y teléfonos móviles inteligentes. Al seguir esta situación, será usado en el siguiente año en curso.

- **Promoción y búsqueda de nuevos clientes**: una herramienta que permite promocionar los productos y servicios de las empresas en las redes sociales. Realiza publicidad por medio de reuniones en fechas y horas futuras con el objetivo de presentar sus productos. Las personas interesadas se inscriben y todo el proceso se realiza con la Internet.

- **Cursos, entrenamientos y talleres**: las aplicaciones usadas en los proyectos y los soportes en las empresas en el desarrollo de software, se convierten después en las herramientas para las consultorías, las charlas, los cursos y los talleres; los webinar. El modelo de gestión del conocimiento interno en la empresa usando estas aplicaciones se convierten ahora en las herramientas para los modelos de enseñanzas y mercadeo al público con transmisión directa. Luego este mismo material grabada y editada es la base para los cursos en líneas no directas en el futuro.

- **Soportes remotos**: algunos aplicativos para las reuniones son utilizados para el soporte directo a los clientes; existen aplicaciones especializadas en las empresas donde tienen costos de sus usos o licenciamientos. Tomar el control de un computador de forma remota, con acceso por la clave de la instancia creada en el momento, para realizar cambios de configuraciones o instalaciones en los computadores o los dispositivos, son las mejores herramientas en el uso de la nueva tecnología para los soportes internos en las empresas. Las tecnologías proveedoras de estas aplicaciones vieron su potencialidad y permiten el uso sin costo para casos puntuales, y existe un costo cuando se usa profesionalmente en una empresa, es una manera en el confinamiento de ayudar a otros de forma remota en la tecnología y también de promocionar sus productos y servicios.

14.3. Aplicaciones web de ventas y compras de productos

El cierre eminente de las empresas, los locales comerciales y todo con acceso a gran volumen de público durante la pandemia, como el tema de despoblación de las ciudades y de los pueblos ante de la pandemia; dejan en ambos casos a los que están adentro de ellas: la soledad y el corte de las entradas de los beneficios de sus trabajos. Hacer un cierre de puerta obligatorio por razones externas, obligan a innovarse para sobrevivir.

El cambio de visión del uso de las redes sociales a un modelo de ofrecer sus productos o servicios a sus conocidos, cercanos y al público en general, como una vía de mantenerse activo. El móvil con el uso original de comunicar a las personas, se adiciona como medio para ofrecer su trabajo y su producto. Otros fueron más allá, abren otro canal de venta por Internet, ofreciendo el producto en los sitios web especializados en compras y ventas, otros crearon sus propios sitios web y con entrega a domicilio, obligando en la mayoría de los casos, en la creación de una nueva área de gestión de proceso de entrega de sus productos en su modelo de negocio. Todos comenzaron a crear diferentes modelos de distribución de su trabajo y servicio.

14.4. De lo real a lo virtual

La mayoría de los casos de éxitos que se nombraron, tiene una característica común, las empresas, las instituciones y las personas tienen seguidores, afiliados, suscriptores o clientes fieles reales en su modelo de gestión y en su trabajo diario. Convertir todos estos seguidores reales a seguidores virtuales con la incorporación de las nuevas tecnologías por medio del software y las aplicaciones, son los proyectos informáticos que fueron exitosos en la mayoría de los casos. El éxito en los dos sentidos: el tecnológico, y en mantener sus funciones y operaciones intactas pero de manera virtual.

En lo tecnológico se basó en la correcta selección de las herramientas que cubrió la necesidad operativa real; el correcto uso y su esfuerzo al colocarla en producción. El mantener operativa y la funcionalidad intacta es la consecuencia de la correcta selección de la tecnología, y en convertir el proceso real en un proceso virtual.

14.5. La realidad es la juez

Los casos de uso de la nueva tecnología sin tener ningún seguidor real es como comenzar desde cero, la gestión de búsqueda de los nuevos clientes no abarca en este libro porque pertenece al área de mercadeo y venta; las estrategias para el crecimiento de números de los clientes dependen de estas áreas. La tecnología provee el mismo apoyo que se da a todas las demás áreas de la empresa, del negocio, de la institución o persona en particular.

En el caso de Internet la experiencia en buscar más clientes, seguidores, afiliados, suscriptores, etc., se basa en la calidad del servicio que se presta en la red, la innovación y la constancia, sobre todo en mantenerse comunicado y entregar de forma eficiente los servicios o los productos.

Darse conocer en Internet también es un área que lo cubre el tema de SEO (Search Engine Optimization). Estar en los primeros lugares en los resultados de los buscadores no es fácil, nadie conoce el secreto de los buscadores (Google, Bing, Yahoo, Baidu, AOL, YouTube, etc.) y sus algoritmos con certeza para colocar los productos y los servicios a la vista de todos, del mismo modo Amazon, en colocar los productos en los primeros lugares en su página web de venta, cambian constantemente no solo de algoritmo de búsqueda, cambian también las políticas de usos.

Todos los usuarios de Internet está en la misma situación de desventajas y de ventajas, entrar en el mundo de la nueva tecnología es un gran emprendimiento, y como todo emprendimiento el porcentaje de éxito es poco, pero el beneficio es alto cuando se logra el éxito. Todo depende de la estrategia, modelos de gestión y como producir con las nuevas tecnologías, pero la creatividad y el trabajo son los medios para el logro de los objetivos.

Éxito para todos...

Referencias bibliográficas

[Ama001] "Productos de la nube de Amazon". https://aws.amazon.com/es/products/?pg=WIAWS-mstf (consultado 17 de Julio 2020)

[Cabero A., J. 2002]: "Impacto de las nuevas tecnologías de la información y la comunicación en las organizaciones educativas.", 15/06/2002. http://tecnologiaedu.us.es/bibliovir/pdf/75.pdf

[Davis y Olson 1989]: "Sistemas de Información Gerencial". 2da. Edición. 1989. McGraw-Hill.USA.

[Fernández S., L. 2000]: Fernández Sanz, Luis, mayo- junio 2000, http://www.academia.edu/8060359/NOVATICA_may

[Hojman, R. y Muñoz, B. 2001]: "Centros de Recursos Educativos Integrales Compartidos: Globalización y Diversidad como un Complemento Ineludible de las Reformas Educativas". Pág. 13 Abril de 2001. http://www.cnea.gov.ar/semi-inter-2001-trabajos/HOJMAN.pdf

[IS 2019]: "Ingeniería del Software: Gestión personal para éxito". Fung León, Jacinto. 2019. 2da Versión. **ISBN-10:** 108253997X; **ISBN-13:** 978-1082539978

[ISO/IEC: 15504-9: Information Technology - Software Process Assessment]: Information Technology - Software Process Assessment - Part 9: Vocabulary. 1998.

[ISO/IEC: FDIS 14764: Software Engineering - Software Maintenance]: FDIS 14764: Software Engineering - Software Maintenance (draft), Dec-1998.

[ISO/IEC: Framework for ISO/IEC]: Framework for ISO/IEC System and Software Engineering Standards, draft 6.1, July 2000.

[ISO/IEC: Amendment to ISO/IEC 12207:1995]: Amendment to ISO/IEC 12207:1995 - Information Technology - Software Life Cycle Processes. 2000.

[ISO/IEC: Amendment to ISO/IEC TR 15504-2]: Amendment to ISO/IEC TR 15504-2- Information Technology - Software Process Assessment - Reference Model Extensions For Acquirer Processes. 2001.

[ISO/IEC: CD 15940]: Information Technology –Software Engineering Environment Services, working draft 5, May-2001.

[ISO/IEC: 29110]: "ISO/IEC 29110 para procesos software en las pequeñas empresas". Jornada "Los libros de ingeniería del software de AENOR" (2). Piattini, Mario. 5 feb. 2019. https://www.youtube.com/watch?v=7ckF31bfnqU (Consulta Abril 2020).

[ISO/IEC: 33000]: "La certificación SPICE ISO 33000". Jornada "Los libros de ingeniería del software de AENOR" (4). Rodríguez, Moisés. 3 feb. 2019. https://www.youtube.com/watch?v=nOBdFyJFyJQ (Consulta Abril 2020).

[Lepe, K., Mora, P. y Rojas, C. 2001]: "De la programación de ambientes a ambientes para diseñar". Universidad de Concepción Facultad de Ingeniería, http://www.inf.udec.cl/~ingsoft/traduccion.doc

[Sánchez-López 2000]: "Redes Iniciación y Referencia". Jesús Sánchez / Joaquín López Lérida. 2000. McGraw-Hill. México.

[SEI 2002]: "Capability Madurity Model Integration (CMMI)", version 1.1. March 2002. Disponible en http://www.sei.cmu.edu/pub/documents/02.reports/pdf/02tr011.pdf

[Sommerville, I. 2002]: "Ingeniería de Software". Sommerville, Ian. 6ta Edición. 2002. Pearson Educación. México.

[Pressman, R.S. 1998]: "Ingeniería del Software. Un Enfoque Práctico" (4ª edición). McGraw-Hill Interamericana, España.

[Redes 2019]: "Redes informáticas: Protocolos de comunicación, protocolo de aplicación y Software". 2019. Fung León, Jacinto. 2da. Edición. ISBN-10: 1697821413; ISBN-13: 978-1697821413

[UCM 2000]: "Las nuevas Tecnologías". Universidad de Castilla -La Mancha, Dep. de Informática. Proyecto fin de carrera, septiembre 2000.

http://www.ucatolicamz.edu.co/centros/cuvirtual/tecnologias.htm

[Urman, Scott 2002]: "Oracle 9i Programación PL/SQL". 2002. McGraw-Hill Iteramericana. España.

[Wiki01]   Huawei.   Actualizado   16   de   Julio   2020. https://es.wikipedia.org/wiki/Huawei (consultado 16 de Julio 2020).

[Wiki02]   IBM.   Actualizado   8   Julio   2020. https://es.wikipedia.org/wiki/IBM (Consultado 16 de Julio 2020).

[Wiki03]   Apple.   Actualizado   14   Julio   2020. https://es.wikipedia.org/wiki/Apple (Consultado 16 de Julio 2020).

[Wiki04]   Intel.   Actualizado   15   Mayo   2020. https://es.wikipedia.org/wiki/Intel_Corporation   (Consultado 16 de Julio 2020).

[Wiki05]   Microsoft.   Actualizado   14   Julio   2020. https://es.wikipedia.org/wiki/Intel_Corporation   (Consultado 16 de Julio 2020).

[Wiki06]   GNU/Linux.   Actualizado   8   Julio   2020. https://es.wikipedia.org/wiki/GNU/Linux (Consultado 16 de Julio 2020).

[Wiki07]:   Android.   Actualizado   el   14   de   Julio   2020. https://es.wikipedia.org/wiki/Android (Consultado 16 de Julio 2020).

[Wiki08]:   Google.   Actualizado   el   13   de   Julio   2020. https://es.wikipedia.org/wiki/Google   (Consultado 16 de Julio 2020).

[Wiki09]:   Sony.   Actualizado   el   12   de   Julio   2020. https://es.wikipedia.org/wiki/Sony (Consultado 16 de Julio 2020).

[Wiki10]:   Youtuber.   Actualizado   el   6   de   Julio   2020. https://es.wikipedia.org/wiki/Youtuber (Consultado 21 de Julio 2020)

TECNOLOGÍA POR DENTRO

Libros de la serie tecnología por dentro:

"**Redes informáticas:** protocolos de comunicación, protocolo de aplicación y software". 2da. Edición. Fung León, Jacinto.

ISBN-10: 1697821413

ISBN-13: 978-1697821413

El libro está dirigido a profesionales informáticos expertos que desean desarrollar librerías y aplicaciones de comunicación, para la integración de dos o más software por medio de las redes de computadoras. El libro está estructurado en tres grandes secciones que describen: el protocolo de comunicación, el protocolo de aplicación y el desarrollo de software usando las redes.

"**Ingeniería del software:** Gestión personal para el éxito". 2da. Edición. Fung León, Jacinto.

ISBN-10: 1082539978

ISBN-13: 978-1082539978

La ingeniería del software ofrece una visión amplia del ciclo de vida del software, donde acompaña con la gestión y los procesos para una entrega de calidad y éxito del software. Esto permite definir la gestión personal que es el inicio del éxito o fracaso del proyecto, describe con elementos propios de la ciencia dura y la ciencia blanda; utilizando los procesos conocidos de la ingeniería del software.

Serie de libros de "Visión de lo simple"

"Cuando los milagros suenan ciencia llevan" es un libro que describe los milagros con una visión científica. Con algunos sistemas conocidos y leyes naturales se detallan los hechos maravillosos y extraordinarios que realizan los humanos, que se acercan a los milagros. Con este mismo enfoque se describe la visión de los milagros donde pertenecen a las leyes del universo desconocida por el hombre.

www.ingramcontent.com/pod-product-compliance
Lightning Source LLC
Chambersburg PA
CBHW070327220526
45467CB00001B/61